「仕事が終わらない人生」が180度変わる

努力に頼らず『要領がいい人』になる40のコツ

菅原洋平
Youhei Sugawara

アスコム

はじめに

「ああ、要領悪いな……」

こうつぶやいてしまったとき、どんなことを考えますか？

ムダなこと
しちゃったな
また同じ
失敗だ
どうすれば
効率よく
できるんだろう

こんなふうに考えるかもしれませんね。

では、もう1つ質問です。

「もっと要領よくやんなきゃ」

こうつぶやいたとき、具体的になにをすればいいか、わかりますか？

意外と、具体的な行動は浮かばないものですよね。

「要領よくやる」という言葉は、仕事、勉強、家事、育児などさまざまなシーンで頻繁に使われています。

ですが、その意味が広すぎて、**「実際の行動は変えられないまま」**という人が多いのではないでしょうか。

そこで本書では、要領のよさをこう定義します。

「要領の悪さ」とは、目的を見失ってしまうこと。

「要領のよさ」とは、しっかりとゴール設定することで、脳が整理され、ゴールに向かって（自然と）最短距離を歩んでいけること。

これでもまだ、いまひとつピンとこないかもしれません。もう少し具体的に見ていきましょう。

要領のよさをつくる「5つのポイント」

大半の人が漠然と思い描いている「要領のよさ」。
実は、次の5つで構成されているんです。

①「余計な情報」に惑わされない（第2章）
②「脳のムダづかい」を減らす（第3章）
③「すぐやる人」になる（第4章）
④「同じ失敗」を繰り返さない（第5章）
⑤「思い込み」を捨てる（第6章）

どうでしょう。
この項目を見ただけで、「たしかに、自分に足りないことかも」と思った人も多いのではないでしょうか。

そうなんです！

「要領をよくする」とは、新たな知識や技術を身につけるというより、**ムダを省いたり、余計な情報をカットしたりすることが大切であり、誰でもすぐに実践でき、再現性のあること**なのです。

「要領よくやるのは、とても難しい」と考えている人はたくさんいます。

でも、難しく感じるのは、**要領よくできたときの印象が弱いから。**

物事が滞りなく進行したときは、「充実した」「楽しかった」と気持ちが満たされますが、「なにがどうよかったのか」を具体的に振り返るようなことは、あまりしませんよね。

ただ、分析的に振り返っていけば、**誰の行動のなかにも、要領のよさ**

は隠れています。それを把握して再現性のある行動にしてしまえば、努力に頼らず「要領がいい人」になることができるんです。

そこでこの本では、要領のよさを、再現性のある科学的なコツとしてまとめました。**いずれも最新の脳科学から導き出したメソッドです。**

たとえば、こんなことをしてみてください！

◯複数の仕事を抱えたときは15分ごとの「サーキット」で回す
◯「またやっちゃった……」というつぶやきを「またやるな」に置き換える
◯優先順位がつけられないときは「ビンゴゲーム」理論を取り入れる
◯一仕事終えたら、次の仕事に「ちょっとだけ」手をつける

いかがでしょう。

詳しくは本書で紹介しますが、どれも「それはムリだよ」とは思わない、とて

も簡単にできそうなことですよね。でも、たったこれだけで、**「脳が勝手に要領がいい行動をしてくれるようになる」**と聞いたら驚きませんか？

こんな意外で、すぐに実践できる方法を本書ではたくさん紹介していきます。

「要領がいい＝速く・多くこなせる」は間違い

ここで、３つ質問です。

SNSやYouTubeを見ていて、「この人はいろんなことをやってるな。いつも元気だし、すごい……」と感じたことはないでしょうか？

はたから見るとなんの問題もなくタスクをこなしているのに、自分では「要領悪いな」と思い込んでいる人がいます。この人はもっと速く・たくさんのことを効

＝ 率的にできるよう頑張るべきでしょうか？

＝ 「やる」ことが速いほど、「やった」ことが多いほど、人（ビジネスパーソン）として優秀である。このような考えがありませんか？

この本を執筆するにあたり、会社員や自営業、派遣社員、パート・アルバイト、主婦、学生など100名から「要領のよさ」についてアンケートをとりました。具体的には、仕事、人間関係、家事、勉強において「自分は要領が悪いと感じたのは、どんなときか？」「要領がよくなるために、どんな工夫をしているか？」という質問です。

実用的なノウハウもたくさん回答いただいた一方で、**多くの人が「要領の悪さというコンプレックス」に悩まされている**ことに改めて気づかされました。

コンプレックスの背景には、「スピードこそ善である」という思考があることが読み取れます。

もし「1日1つの作業を丁寧に実行できることが豊かな人生だ」という考え方を基準にしたら、アンケートに寄せられた悩みはすべてなくなるでしょう。

みなさんは、いかがでしたか。

もし、前述の質問に1つでもYESと答えたなら、**「より速く、より多くこなすことが要領のよさ」という幻想に苦しめられているのかもしれません。**

この幻想には、私も非常に苦しまされた経験があります。

自己紹介が遅れましたが、私はリハビリテーションの専門家である作業療法士です。国立病院機構で脳のリハビリテーションに従事した後、脳科学や認知心理学を使ったメソッドを用いて、これまで10年で約1000件の企業研修を行ない、現場の悩みの解決や、仕事のパフォーマンスを最大化するためのアドバイスを行ってきました。

今回のテーマである「要領がいい人になるコツ」は、そうした経験の集大成とも呼べるものです。

以前私には、短時間で多くの患者さんを診たり、受診したメールに即レスしたりすることが「デキる人」だと思い込んで、一生懸命頑張っていた時期がありました。でも、あるとき振り返ってみると、「あれ？　なにが残ったんだろう……？」と困惑してしまいました。40歳すぎまでがむしゃらに働き続け、ようやく「効率化＝要領がいい」ではないことに気づいたのです。

本書が目指すのは、「速く・大量に作業をこなすほど人間的な価値が高い」という思考からの脱却です。

なぜなら、そうした思考を捨てない限り、いつまで経っても「自分はまだまだ」と感じ、自己肯定感が低いままになってしまうからです。

「他人や社会に急かされて行動するのが当たり前」という幻想から抜け出し、本当の充実感を得る。そのために**脳の使い方を変える**のです！

「要領をよくしたい！」と思う人ほど、要領はよくならない

「『要領よくやろう』と思えば思うほど、逆に要領が悪くなっていく気がするんです。効率化の本を読んだり、集中力を高める方法をネットで調べて実践したりするんですけど、結局どれが正解かわからなくなって……」

こうした悩みや相談をよく耳にします。

要領の悪さに悩んでいる人の多くは、すでにさまざまな方法を試してきています。そして、**「たくさんの情報を調べて、たくさんの方法を試したのに、結局うまくいかなかった」**という人が大半です。

そこで、これから本書を読み進めるみなさんにお願いがあります。

それは、仕事や人間関係、勉強、家事などで本書のノウハウを実践する際、**「要領をよくしたい！」と強く思いすぎないこと。**

なぜなら、要領のよさの天敵は「思い」だからです。

「気合い」と言い換えてもいいでしょう。

「絶対に要領がよくなる！」と気合いが入っている状態は、脳が目覚めて活発に動いている感じがしますよね。この度合いのことを「覚醒水準」といい、気合いが入れば覚醒水準は高まります。

覚醒と聞くと、「眠っていた才能が覚醒する」というポジティブな印象を受けるかもしれません。

ところが実際は反対で、**覚醒水準が適度に低いほど、リラックスしてよいパフォーマンスが発揮できる**ことが、アーチェリーや射撃、ゴルフなどの、スポーツの研究結果から明らかになっています。

期待や気合いというポジティブな思いも、不安や焦りというネガティブな思いも、そのときの心電図や心拍数、自律神経のデータは同じです。

つまり、**ポジティブでもネガティブでも、思いが強いとパフォーマンスは低下してしまうのです。**

思いを手放しながら、要領がよくなる方法を試してみる。

難しそうに感じるかもしれませんが、大丈夫。安心してください。誰にでもできるよう、わかりやすく解説していきます。

これからあなたに、私が研修やセミナーで話している、「要領のいい人」になるためのコツを、すべてお伝えします。

もちろん、私自身も実践しています。

数えてみたら全部で「40個」もありました。


「これ、実践しやすそう」とぱっと感じたものから試してみてください！

要領がよくなることで起こる（であろう）メリット一覧

- 仕事の速度が上がる
- 集中力が持続する
- 同じ失敗をしなくなる
- 段取り上手になる
- 先延ばしがなくなる
- ムダな繰り返しがなくなる
- ど忘れがなくなる
- 自分の時間が増える
- 仕事を楽しめるようになる
- 自己肯定感が高まる
- 思い込みがなくなる
- 余計な情報に振り回されなくなる
- アイデアが出やすくなる
- スケジュール管理がうまくなる
- 面倒な人と距離を置ける
- 人間関係のストレスが減る
- 自分に合ったノート・メモの取り方がわかる
- ダイエットが成功する
- 家事がスムーズになる
- 寝不足が解消される

第1章 ちょっと待った！ その「要領がいい」、実は勘違いです！

第2章
「あれこれ気になって集中できない……」を解決！ 余計な情報に振り回されないコツ

第3章
「なにするんだっけ……」「これ、前にも聞いたな……」を解決！ 記憶容量を節約し、必要なことを忘れずにすむ方法

第4章 「まあいいかって放置したらやばいことに……」を解決！ 先延ばしをやめて、「すぐやる人」になる！

第5章 「いつもこうだな……」「よく眠れない……」を解決！ 同じ失敗を繰り返さない技術

第6章

「その手があったか！」「やっておけばよかった……」を解決！想像力、自分の頭で考える力を高める方法

第7章 身近にいる「要領が悪い人」との付き合い方

第8章 仕事、勉強、趣味、自己啓発……使えるシーンがたくさん！ 要領がいい人になる「ノート・メモ術」

第1章

ちょっと待った！その「要領がいい」、実は勘違いです！

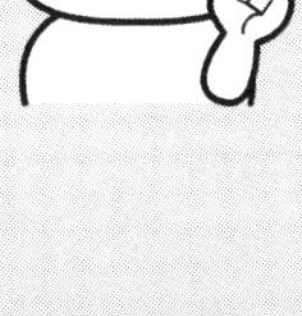

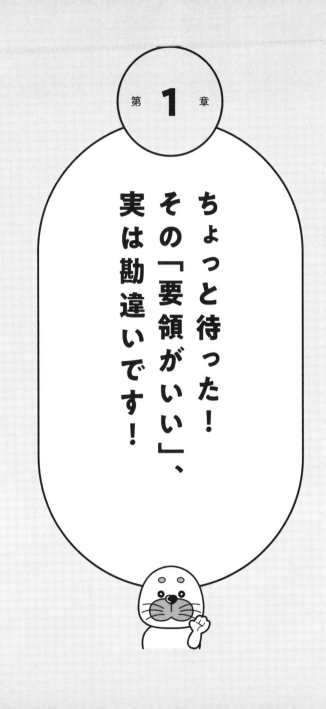

9割が勘違いしている「要領がいい人」の特徴

問題

次のページに、6つの項目があります。
このなかから、**「要領がいい人」の特徴と思うものにチェックをつけてください。全部でいくつあるでしょうか？**

もし近くに家族や友人、同僚や先輩などがいたら、ぜひ一緒にチャレンジしてみてください！

さて、どれが「要領がいい人」の特徴でしょうか？

- マルチタスクでどんどん仕事をこなす
- なんでもよく覚えている
- 臨機応変に対応できる
- 連絡のレスポンスがいつも速い
- 失敗せず常に結果を出す
- 考え方がポジティブ

答えは次のページへ！

答え

0個

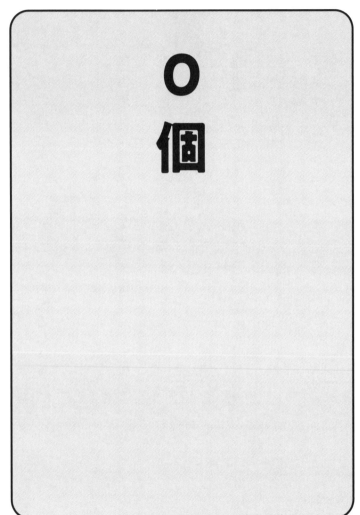

「えっ、これって要領がいい人の特徴じゃないの？」

そう驚いた人も多いと思います。

マルチタスクができる、記憶力がいい、臨機応変に行動できる、レスポンスが速い、結果をたくさん出す、考え方がポジティブ……。

実は、**これらは、すべて「要領がいい人」の間違ったイメージです。**

この勘違いをしたままだと、いくら頑張っても、要領のよさを身につけることはできません。

そこでまずは、「そもそも要領のよさとはなにか？」を知り、誤ったイメージを修正することからスタートしましょう！

よくある勘違い 1

× マルチタスクで
どんどん仕事をこなす

○ マルチタスクの場面でも
「シングルタスク」で対応

いつでも、どこでも、どんな作業もできるのがデジタル社会。
そのため、要領がいい人は「複数の作業を同時並行でこなすマルチタスカーである」というイメージをもっていませんか？
でも、それは大きな勘違いです。

実は、要領がいい人ほどマルチタスクをしていないことが、脳科学の実験で明らかになっています。

シカゴ大学のエドワード・ヴォーゲル教授らによる実験では、複数の色の棒が表示された画像を見て、「青色の棒だけを数える」という課題を行いました。

この課題では、複数の色の棒が同時に表示されたとしても、「青色の棒を探す」という目的を覚えておく力「ワーキングメモリ」が求められます（ワーキングメモリは【要領のよさ】に深く関わる脳の機能です。詳しくは90ページで説明します）。

結果、実験中の脳波の動きを見ると、正答率が高い人は、ほかの色に目を奪われず、「青色の棒だけを集中して数えられる」ことがわかりました。

この実験結果から、要領がいい人（＝ワーキングメモリ能力の高い人）は「並行してたくさんのこと（マルチタスク）をするのが得意」なのではなく、**「優先順位をつけ、1つずつ集中して処理する能力に長けている」**といえます。

そもそも、**脳は基本的にシングルタスクしかこなせません。**

なぜなら、**脳の本質は「情報選択」だから**です。脳は情報を選択し、そのなかの1つに限られた資源を使います。つまり、一度に1つのことしか考えられないようにできている、ということです。

時間を有効に使うために複数のタスクを同時に行おうとすると、1つの作業の処理スピードが遅くなり、脳の疲労も大きくなります。その結果、どちらの作業にも集中できず、パフォーマンスが低くなってしまいます。

そこで、簡単にパフォーマンスを上げられる方法を紹介しましょう。

忙しいときこそ、あえて脳に1つずつ課題を与えて、処理スピードを高めてみてください。

たとえば、時間を効率的に使うためにオンラインセミナーの音声を聴きながら皿洗いするようなこと、ありますよね？

これは、一見時間を有効に使っているようでいて、実はとても非効率といえます。皿洗いがだらだら続いてしまい、オンラインセミナーの内容も頭に入らない、となりがちです。

そこで、皿洗いを先にすませ、そのあとオンラインセミナーに集中する。もし皿洗いのときに空いている耳を使いたいなら、流し聞きでも問題ない音楽や音声を選ぶようにしてみてください。結果は一目瞭然です！

余計な情報に惑わされず、やるべきことに集中するための簡単ノウハウは、第2章でもたくさん取り上げています。ぜひ参考にしてください。

よくある勘違い

2

×

なんでもよく覚えている

○

タイミングよく思い出すだけ

会話のなかで、要領よく重要なキーワードがポンポン出てくる人を「記憶力がすごい！」と感じるかもしれません。

一般的に記憶力と聞くと「たくさん丸暗記できる能力」をイメージする人が多いですが、これは要領のよさとはあまり関係がありません。

仕事でも、家事でも、勉強でも、**要領がいい人は覚えるのが得意なのではなく、「覚えたことを関連づける力」、ワーキングメモリ能力が高い**のです。関連づけができれば、少ない容量でたくさんのことを記憶できるので、脳に負担がかかりません。

漠然と「なんでも丸暗記できて、よく覚えている人」を目指してしまうと、マニュアルを何度も読み返したり、忘れたことに罪悪感を抱いて人に聞けなかったり……残念な努力を重ねてしまうかもしれません。

大切なのは、溜めてある知識をタイミングよく引き出す力。

要領がいい人になろうと、無理して暗記する必要はないのです。

また、ほとんどの人がしている勘違いが、「脳は、たくさんの領域を使うほどパフォーマンスが上がる！」という思い込み。

でも実は、**超一流の人ほど脳を使っていません。**

将棋のプロ棋士やチェスマスター、プロサッカー選手のプレー中の脳を画像解析した研究では、意外な結果が得られています。プレー中に活動している脳の領域は、アマチュアの人よりもずっと少ないのです。

逆に、複数の研究から明らかになっているのは、素人であればあるほど、たくさんの脳の領域を使用してしまい、メモリ不足になっているということ。

大切なのは、脳の使い方を変えること。それが、「関連づける力を鍛えること」なんです。

よくある勘違い 3

✕ 臨機応変に対応できる

○ 記憶の関連づけがうまい

「あの人はいつでも臨機応変に行動していてすごい！」と思う人、いますよね。

実はこの能力も、前述の「覚えたことを関連づける力」に深く関係しています。

体験した記憶を、うまく「ほかの記憶」に関連づけて保存しておくことで、次に似たような場面に遭遇したときに、その記憶を生かして上手にふるまっているのです。

難しく聞こえるかもしれませんが、実はこの記憶の関連づけ、意図してトレーニングすることができるんです。

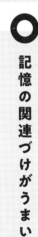

具体的な方法は106ページでもお伝えしますが、ここではすごく簡単なものを1つ紹介します。

それは、**なにかうまくいったことがあったら、「○○のときみたい」と振り返ること。**うまくいかなかったときや失敗したときを振り返るのではなく、**「うまくいった記憶」を関連づける**ことがポイントです。

たとえば、以下のようなイメージです。

先に簡単な資料を送っておいたことで打ち合わせがスムーズになったら、「映画の予告編を観ておいてもらったおかげで、映画を観るまでの話題ができ、デートでの会話が弾んだときみたい」と振り返る

プレゼンで用意していなかった内容を求められたとき、別件で作成していた資料の内容をうまく織り交ぜて話せたら、「キャンプでありあわせの物でおいしい食事をつくれたときみたい」と振り返る

自分なりにうまくできたこと、土壇場でできたこと、他人から「よかった」と指摘されたこと……**脳には、こうした記憶を関連づけることで、勝手に「将来の臨機応変な行動の準備」をしてくれる機能が備わっています。**

「要領がいい人」になるうえでは、この機能を使わなきゃ損！
記憶の関連づけで「脳のムダづかい」を防ぐ方法は、第3章で解説します。

よくある勘違い 4

✕ 連絡のレスポンスがいつも速い

〇 即レスは目的を果たす手段の1つ

仕事の相手からすぐにメールの返信がくると、「仕事の要領がいい」というイメージをもつかもしれません。

でも、これを自分に置き換えるとどうでしょう。

即レスを目指すばかりに、無意識のうちに、作業中でもメールやチャットに対応するために作業を中断させていませんか？

要領のよさは、その手段が目的に見合って初めて成立します。

即レスは、あくまでも仕事をスムーズに進めるための「手段」の1つであって、仕事の「目的」ではありません。

「そんなことは言われなくてもわかってる！」と思うかもしれません。
そうです。頭ではわかっているのです。だけど、無意識のうちに目的が見失われてしまうことはありませんか？
たとえば、仕事でよくあるこんなシーン。
資料を作成中に、ふと気になってメールをチェックする。新着のメールを目にすると、思わず開いて返信の文面を考えてしまう。返信を終えて資料作成に戻ると、どこまで作業したか忘れてしまっていた……。

このように、目の前に飛び込んできた情報に振り回されてしまうのは、「意識」や「気持ち」の問題ではなく、「ドーパミン」という神経伝達物質の作用です。

ドーパミンの性質を知り、目的を見失わない力をつけることで、**本来の目的を忘れずに1つの作業に集中できるようになります。**

このドーパミンの作用については、47ページで詳しくお話しします。

よくある勘違い 5

✕ 失敗せず常に結果を出す

○ 失敗する前にやめている

仕事、勉強、家事、趣味……なにか作業をするときに「失敗してはいけない」と考えていませんか？

「要領がいい人は失敗しない」。これ、半分しか正解ではありません。

正しくは、要領がいい人は、失敗する前に、その方法にさっさと見切りをつけてやめてしまうのです。

たとえば、仕事で指導をしているのに、後輩が熱心に聞く様子がないとき。そのままくどくど説明をするのではなく、「このやり方は合わないんだな」と早々に見切りをつけます。そして、「いつもはどんなふうにやっているの？」と聞いてみて、相手のやり方に合わせる作戦に変えてみる。

そう。**「こうしなくてはならない」という固執を手放すことが、要領をよくする必須要件なんです。**

こういった固執や思い込みの背景には、最初に頭に浮かんだ考えに引っ張られてしまい、もっと適切な考え方があることに気づかなくなる**「構え効果」**という現象が関係しています。

この現象と解除方法については、188ページで詳しくお話しします。

よくある勘違い
6

× 考え方がポジティブ

○ 事実のみを振り返る

要領がいい人の特徴として、**「必要以上に悩まない」**ことも挙げられます。思いどおりにいかなかったとしても、原因を分析して、「次はこうすればいいだけ」とシンプルに考えます。

でも、実はこれ、**要領がいい人が全員、「根がポジティブだから」というわけではないんです。**

たとえば、なにか作業をするとき。

要領がいい人は「明日の9時までに」「30分で」というように、具体的な期限を設けます。すると脳内では、過去に作業をしたときの所要時間をもとに見積もりを立てることができるので、実現までの過程が明確になります。

仮に時間をオーバーしてしまったとしても、**「自分の見積もりが甘かった」という事実だけを振り返るので、「どこに時間がかかったのか」という前向きな反省につなげられます。**

一方で、要領が悪いことで悩んでいる人がよく使う言葉があります。

それは、**「なるべく」**と**「できるだけ」**です。

たとえば、「この作業は、なるべく早くやろう」と考えてしまうと、どうなるでしょうか。

なにを・いつまでにやっておかなければならないのかが不明確なままなので、締め切りギリギリになって焦って対応することになったり、そもそも締め切りを忘れてしまったりするかもしれません。

すると、できなかった自分に対し、「また忘れてしまった」「なんで自分は対応が遅れてしまうのだろう」という後ろ向きな反省をしてしまいます。

無理して前向きになる必要はありません。

では、要領がいい人はどんな言葉をよく使っているのか。詳しくは155ページで紹介します。

いかがだったでしょうか？

この第1章では、「要領がいい」に対する6つの勘違いを紹介しました。

一般的に「要領がいい」は、「才能やセンス」のようにとらえられがちです。

でも、実は「脳の機能をうまく活用する」「自分への声かけ」など、すごく簡単な方法で大きく変わることなんです。

それでは、次の章から「要領がいい人」になるための具体的なコツを紹介していきます！

第2章

「あれこれ気になって
集中できない……」を解決！

余計な情報に
振り回されないコツ

30代女性からの相談

Aさん

仕事で必要なことを、ネットで調べることがよくあります。

でも、調べているうちに次から次へと新しい疑問が出てきて、気づけば仕事に必要のないところまで深く調べてしまっていたり、時にはまったく関係のないニュース記事やSNSを読みふけってしまったりすることも……。

自分でも「いまムダなことしてる」と途中で気づくのですが、**「もう少しだけ」**とやめることができません。

「この時間でいろいろできたのに」といつも後悔するのに、同じことの繰り返し。

あれこれ気になって、1つのことに集中できる時間が極端に短いんです。

余計な情報に振り回されないためには、どうすればいいでしょうか？

いま知る必要のない情報を知ろうとし、やる必要のないことをやってしまう。
メールが届くたびに気になってしまい、仕事が進まない。
やりたいことがどんどん浮かんできて、目の前のやるべきことになかなか手をつけられない。その結果、仕事が長引いて帰宅が遅くなり、やりたいことをやる時間がなくなっていく。

こういう経験、よくありますよね。

実は、こうした**余計な情報**に振り回されてしまう要領の悪さの原因は**「ドーパミン」**という神経伝達物質です。

「ドーパミン」という名前は、古くから薬物やギャンブルへの依存、近年ではスマホ依存やゲーム依存などをもたらす**「快楽物質」**として聞いたことがあると思います。報酬を得ると大量に脳内に放射され、私たちにさらなる報酬を期待させ、行動を強化するのが特徴です。その結果、幸福感や「やる気」を引き出す一方で、要領を悪くしてしまう弊害もある、両刃の剣。

またドーパミンは、**新しいものを見たり聞いたりしたときにも大量に分泌されます。**Aさんの例はまさにこのケース。

これは、猛獣など、日常的に危険を察知する必要があった太古の人類にとっては非常に便利な機能だったのですが、現代を生きる私たちにとっては、生産性の妨げになってしまうことがあります。

とくに、インターネットに刺激的な情報が集まる現代は、ドーパミンがあふれ出す絶好の環境といえるでしょう。

しかもドーパミンは、増えるほど快感を得て対象への注意が高まり、「もっと、もっと!」と次々に目移りを繰り返します。

Aさんが「もう少しだけ」とやめられなくなってしまう原因は、意志の問題ではなく、ドーパミンのしわざだったのです。

では、ドーパミンへの対抗処置がないかというと、そんなことはありません。

これから紹介する方法で、ドーパミンはある程度コントロールできます。すなわち、余計な情報に振り回されなくなるということです！

01

脳の暴走を「10秒」で止める必殺技

「やばい！　あれこれ気になって、やるべきことに集中できてない！」

そう思ったら、**早急にドーパミンを抑えて、本来やるべきことに意識・行動を切り替えましょう。**

ドーパミンによる欲求行動は、欲求と行動の間に**「すき間」**をつくることができれば収まります。

いったん作業や思考をストップし、席を立って10秒歩き、また元の作業に戻ってみましょう。

これだけで、ドーパミン欲求回路の暴走はスーッと消えていきます。

「そんな簡単なことで？」と思うかもしれませんね。

このときの脳内では**「デフォルトモードネットワーク」**が働いています。

安静にしているときに脳の複数の領域が働いてつくられるネットワークのことで、それまでに得た情報をまとめ、スッキリと整理する役割を担っています。

これは、自動車のアイドリングのようなもので、次に動き出すための準備をしている状態でもあります。

逆に、「デフォルトモードネットワーク」の機能が弱まっていると、脳内で情報がぐちゃぐちゃに散らかったような状態になってしまいます。書類やゴミが散らかっているデスクをイメージしてもらえればわかりやすいかもしれません。

そこで、欲求と行動の間に「すき間」をつくって情報から離れることで、この「デフォルトモードネットワーク」を意識的に働かせれば、ドーパミンによる欲求を抑制できるということなのです。

加えて、実は「デフォルトモードネットワーク」が起動すると、**創造力やひらめき力が高まる**ことにもつながります。これは、脳内の情報が関連づけられるからです。

たとえば、仕事で「女性の冷え性を改善する商品」の企画を考えていたとしましょう。冷え性についての議論をしていて行き詰まったとき、いったん席を立って歩いていると、頭の中ではこんなことが起こることがあります。

「女性」→「子どもを抱っこしているイメージ」→「乳児が眠いときの反応」→「耳が温かい」→「耳を温めると血流がよくなると聞いた」→「女性のために耳を温める商品はどうか！」

こんな感じで、**脳が勝手に周辺情報を関連づけ、別の視点から新しいアイデアが浮かぶことがあります。**「たかが、ぶらぶら歩くだけで……」と軽視しがちですが、その効果は侮れないんです！

関連づけられ、情報の意味が再評価されることで、同じ情報でも意味が変わり、ひらめきとして自覚されます。

よくクリエイターの方が言う、「リラックスしているときにアイデアがおりてくる」という言葉も、この仕組みを知っていれば納得なのではないでしょうか。

集中力を持続したい、ひらめきがほしいときにも、意図的に席を立って、10秒ほどぶらぶら歩いてみるのがおすすめです。

ちなみに、ドーパミンが過剰になっているときは、体に次のようなサインが表れます。これらの変化を見つけたら、「あっ、いま自分の脳がドーパミンに乗っ取られているな」と思うようにしてください！

ドーパミンが過剰になっているときの体のサイン

02 休日に仕事のメールをつい見てしまい、イヤな気分にならない方法

欲求と行動の間に「すき間」をつくって「デフォルトモードネットワーク」を起動する。こうして衝動を抑え、余計な情報を排除する方法は、さまざまな場面で使えます。

10秒どころか、一瞬で実践できる方法もあるんです。

たとえば、こんなシーンを想像してみてください。

今日は、家族と紅葉を見にドライブ。

サービスエリアで車を止めて、トイレ休憩をしようと歩き出したとき、ふと、思ったより時間が経っていることに気づきます。

外部の連絡から離れる時間がいつもより長いことに不安を感じたあなたは、メールをチェックしたい衝動にかられます。

そこでメールを開いた瞬間、目にする景色は一変します。

「社内で検討しました。来週以降で打ち合わせの時間をいただきたいのですが、ご都合いかがでしょうか」

この文章を見た瞬間に、たちまち周囲の景色が遠ざかっていきます。あなたの頭の中は、提出した企画の内容、先方の反応、それまでのメールの文面から察する態度、来週以降のスケジュールの埋まり具合、次に話をするときの切り出し方などがどんどん湧き出てきて、いっぱいいっぱいに。

家族の問いかけには生返事になり、紅葉を見ても細部を堪能することもできず、帰りの運転はどんなルートで帰ったのかもよく覚えていない——。

こんな経験がある人は、多いのではないでしょうか。

とくに仕事に追われている人は、休日でも仕事用のメールやSNSを確認しがち。ドーパミンの「衝動」によってストレスフルな環境から抜け出しづらい傾向があります。


そこで、衝動を感じたら、行動の前に**一瞬の「すき間」をつくり、別の行動につなぎ換える訓練**をしましょう。

たとえば、次のような方法です。

① 「やめた！」「キャンセル！」などと頭の中でつぶやく
② お守りを握る、お香をかぐなど簡単にできる動作をする
③ 真っ白いキャンバスを思い浮かべる

こうしたことをすれば、衝動はすぐに過ぎ去ります。

休日に気になったメールも、本当に必要な状況でなければ、「見てみようかな」と思った瞬間に、頭の中で「やめた!」とつぶやいてみてください。

その後は「なにかきているかな」という衝動は起こりません。

私の場合、「やめた！」とつぶやくこともありますし、もっと簡単な方法として、**自分が電池切れになったようなイメージで、「はぁー」と力なく息を吐いてダラーッとすることもあります。**

期待に高まって硬くなった体の力が抜けると、そこからまた行動を起こすのが面倒くさくなるので、「これをしなくちゃ」という衝動が弱まります。

また、作業をし続けているときには、アロマオイルを1滴ティッシュペーパーに垂らして手元に置いておくこともあります。衝動的になっているときは息が止まっているので、**香りをかぐことで自然に息が吐かれて衝動が収まります。**

こうして一瞬の「すき間」をつくるだけで、あなたは余計な情報から解放されます。

03 面倒な相手からの連絡を減らすには、どうすればいい？

先日、私のもとに40代の男性がカウンセリングを受けに来院しました。

「私は、コンサルタントをしています。クライアントからひっきりなしにくる連絡に応じているうちに、あり得ないようなミスやど忘れをするようになり、不安で仕方がありません。どうすればよいでしょうか？」

ささいなことで頻繁に連絡してくる人、きっとあなたの周りにもいるでしょう。

そして47ページに書いたように、常に新しい情報（この場合は次々に届くメール）に反応してドーパミンがあふれ出してしまうのは、脳の特性。どうしても気を取られて、脳の容量を圧迫してしまいます。

その結果、脳の記憶機能の1つである「ワーキングメモリ（詳しくは90ページ）」から必要な情報が押し出されて、ミスを連発してしまっているのがこの男性の状況です。

そこで私がアドバイスしたのは、**メールの最後に、定型文として対応できる時間帯を入れて、こちらが対応するタイミングを示す。**

たったこれだけです。

記憶容量を増やせないのなら、余計な情報を減らすしかありません。

仕事であっても、「連絡に反応するタイミングや、相手から連絡がくるタイミング」を支障が出ない範囲でコントロールすることが大切。

忘れることもストレスも減って一石二鳥です。

実は私のアドバイスには、ある病院での出来事が背景にあります。

その病院のナースステーションでは、常にナースコールが鳴りっぱなし。

ただ、大半の用事は「テレビが映らない」「机のキャスターがグラグラしている」「棚の後ろに本が落ちてしまった」などでした。患者さんにとっては大事なことなのですが、そのたびにあちこちの部屋に移動していては本当の緊急時に対応できなくなってしまいます。

そこで業務改善の一環として、見まわりに行った際に「次は何時頃に来ますね」と一言付け加えてもらいました。

すると、ナースコールの件数が激減。患者さんにとっては、**対応してもらえるという保障（安心感）が必要だった**のだということが明らかになったのです。

ちなみに、この男性が早速私のアドバイスを実践してみたところ、効果テキメン。指定の時間帯以外の連絡はこなくなり、「すぐに返信しなきゃ」というストレスがなくなったそうです。落ち着いて自分を俯瞰できる時間が生まれ、ミスや忘れがほぼゼロになったとか。

私自身、メールを確認するタイミングを「1日3回」にしています。

1回目は、早朝に仕事を1つやり終えた後。まだ世間は始業前なので、前日の夜に「今日中に送っておこう」という意図で送られているメールがきています。

2回目は、10時頃です。私は自分の作業が一段落したタイミングで、相手が始業後に送ったメールをチェックします。

3回目は、15時頃。この時間以降で相手から「今日中に返事をください」というメールがくることはまずないので、これ以降のメールは、その日中にチェックしても翌朝の始業前にチェックしても相手にとっては変わりません。

【メールの最後に入れる定型文の例】

◯対応時間10〜18時。ご用件のある方はメールにてご連絡ください。

◯リモートワーク中のため、ご連絡はメールにてお願いいたします。一両日中にご返信させていただきます。

04 ダイエット成功の秘訣は、「解禁」を後ろ倒しにすること

毎年話題になる、「ボージョレ・ヌーヴォー」の解禁日。

それほどファンでもないのに、「解禁！」と聞くと、なぜか買ってしまうという人もいるかもしれません。

実は、これもドーパミンの特性を利用したマーケティングです。

やっかいなことにドーパミンは、一定期間抑制された状態が続くと、今度は我慢していた反動で、より興奮してしまうような反応が起きます。

これを**「脱抑制」**と呼びます。

たとえば、テスト勉強のためにゲームをしないように我慢していると、解禁した瞬間に、前よりものめり込むようになってしまうことがありますよね。

これは、抑制期間中にくすぶっていた神経活動が、ゲームを解禁した瞬間に過剰に活動するからです。

「ボージョレ・ヌーヴォー解禁！」のように、脱抑制の仕組みを利用したマーケティングが世の中にはあふれていますし、ダイエットにおける「リバウンド」をイメージしてもらえれば、よりわかりやすいかもしれません。

ただし、ぜひ覚えておいてください。

この「脱抑制」という現象は一時的なものにすぎません。その存在を知っていてやりすごしていると、ほどなくして、必ず衝動は収まってきます。

ポイントは、解禁日をすぎても、一定時間「放置」すること。

「解禁しても、なにもしない」ということを実験してみるのです。「脱抑制に反応しない」という行動をとっていると、欲求はすぐにすぎ去ることが体験できます。

試しに、**仕事が終わったタイミングで、あえて明日の作業に少し手をつけてみてください（もしくは、次の仕事のことを考えるのでもOK）。**

「終わった！」と解放されたのにそれが延期されたことで、「終わったらやりたかったこと（SNS、動画の視聴、ゲーム、お酒、たばこなど）」への期待感はみるみるしぼんでいきます。

あるいは、**30日ダイエットをする場合、29日までは「30日で終わり」と思っておき、30日目になったら「1日延期」と意識を切り替えます。**

それだけでドーパミンは通常より低いレベルになり、食べることへのモチベーションが著しく低下します。

05 あえて「不快な身体感覚」を思い出す、ドーパミン活用術

先日、時間にルーズなことで悩んでいる方が相談に来られました。

「いつも睡眠不足でボーッとしていています。原因ははっきりしていて、自分の趣味（アニメの動画を見ること）に熱中しているから。ここまでやったら終わりにしよう、と思っているのに、何度も繰り返しているうちに時間が経っていて、結局深夜まで見てしまうんです。そのせいで遅刻も多く、わかってはいるんですけど……」
（30代男性）

わかっているのにやめられない――。これも、ドーパミンの欲求回路

のしわざです。

ただ、ここで紹介したいのはドーパミンの欲求回路を止める方法ではなく、**「ドーパミンの特性を活用して衝動を抑える方法」**です。

ドーパミンには欲求回路のほかに、もう1つの回路があります。それが「行動をコントロールする回路」です。

「毒を制するには毒を」というわけではありませんが、**このコントロール回路を使えば、「欲求に振り回されてしまう」のを改善できます。**

そのカギとなるのが**「身体感覚」**。

コントロール回路は、**記憶されている身体感覚を振り返ったときに発動します**（これには「島皮質」という脳の部位の働きが関係しています）。

これは「欲求に振り回されないようにする」こととは異なります。ドーパミンの欲求に真っ向から立ち向かうのではなく、欲求に従った結果として**過去に自分が受けたストレス（イヤな記憶）を言語化し、身体感覚としてリアルにイメージして行動を抑制するように脳を仕向ける**のです。

たとえば前述の男性の場合、欲求回路に負けて「アニメを見続けた結果、どうなるか」を次のように分析してもらいました。

●睡眠時間が削られ、寝不足になる。その後3日くらい生活リズムが乱れる

●一時的にはストレスが解消するけど、結局後悔するし、見てしまったこと自体もストレスになる

ここでさらに、「ストレスとは具体的にどんな状態か」を言語化してもらいます。

●息が詰まるような、肩に重くのしかかるような感じ

このように分析してもらった結果、2週間後に男性はこんなことを言っていました。

「このままアニメを見続けたら、どうなるか。そのときの身体感覚をイメージするだけで、生活リズムを整えようと心を入れ替えられました。ここ2週間、夜は同じ時間に眠れています。やはり昼間のパフォーマンスが全然違いますし、もちろんそれ以来、遅刻はしていません」

「ストレス」という言葉で片づけず、「息が詰まるような、肩に重くのしかかるような感じ」という具体的な身体感覚として振り返ったことで、ドーパミンのコントロール回路が発動し、それと同じ身体感覚を味わってしまうのを避ける行動が企画されたのです。

これは、脳の前頭葉という部分が「目の前の欲求に従って行動した末路（＝過去に味わったストレス）」をリアルに予測し、それを自動的に避けようとするから。

この脳の働きをうまく使うことで、行動をコントロールすることができるのです。

目の前の欲求に振り回されて「また同じ過ちを犯しそうだな」と思ったら、「過去に味わった不快な身体感覚」をできるだけ細かく思い出してください。

- 誰かに迷惑をかけて胸がキューッと締めつけられるような思いをした
- 先延ばしをしてしまい、急いで作業した結果、頭痛と肩こりがひどく悪化した
- 寝不足で仕事をしたら、ありえないミスをしてしまい、ショックで食べ物が喉を通らなくなった

このように、人によってさまざまあると思います。

そうした不快な身体感覚を振り返ることで、自然に欲求と距離を置くことができます。

さらに、コントロール回路で思うように行動を操れたときは、「なんか今日はうまくいったな」という達成感があります。

ドーパミンは、増えたきっかけとなった行動を強化するため、**「うまくいった」行動をまた繰り返す**ようになります。そして、数日同じような行動をとると、**その行動は自動化されます。**すると、まるで以前からその行動をとっていたかのような感覚になるのです。

実際この男性は、**睡眠不足が解消されたことをとくに喜ぶでもなく、まるで以前からそうだったかのように淡々と話されました。**

思いどおりに行動できず後悔するときはドラマチックですが、思いどおり行動できたときは、実にあっさりしています。これも脳の面白い働きですね。

06

要領がいい人は実践している「デジタルデトックス」

「余計な情報」があふれているものの代表格といえば、スマートフォン（以下、スマホ）。

放っておいても情報が流れ込み、多くの人が情報を抱え込みすぎています。

一見、なんでもその場でサクサク検索して調べてしまう人のほうが、要領がよさそうと思いがちですが、実際はその逆。

適度にデジタルデトックスをしたほうが、自分がやるべきことに集中できるようになります。

スマホやタブレットと距離を置く簡単な一例を紹介しましょう。

① 寝る1時間前になったら戸棚にしまう
② 帰宅後はバッグの中に入れたままにする
③ 玄関に置いて外出時だけ使用する
④ 休日の午前中や入浴後の時間は、画面を見ない

私の場合、打ち合わせの行先などはあえてプリントアウトをして、外出時にはスマホを見ないようにしています。また普段の生活では、スマホではメールやSNSを見ないと決めています。

「デジタルデトックス」のポイントは、自分の意志とは関係なく、スマホを見ることができなくなる環境をつくること。

なかには、「インターネットに接続するルーターの電源をタイマーで切ってしまう」という人もいます。延長コードにダイヤルがついているものを使用して、時間になったらインターネットがつながらなくなる環境をつくるのです。

まずは1時間、情報から離れることから始めてみましょう。

入浴中やストレッチ、ジョギングをしている間など、「それ」をしている間は情報から離れる、という環境をつくります。スマホを置いてスーパーに買い物に行くのもいいですね。それができれば、「休日の半日」「外出中」という感じで、場面を限定して一定期間離れてみましょう。

意志の力で行動を変えるのは難しいですが、環境を変えてしまえばおのずと行動は変わります。

最初は落ち着かない感じがしますが、そのままやりすごしていると、情報から解放されて、文字どおり視界が明るくなります。交感神経の過剰活動によって収縮していた瞳孔が、開いていくからです。

この解放感を得られると、情報と一定の距離をとることにストレスを感じなくなります。

ちなみに最近では、受付でスマホやタブレットを預けて宿泊する、「デジタルデトックスプラン」がついたホテルや旅館もあるようですね。旅行や出張のときに、宿泊先の選択肢に加えてみてはいかがでしょうか？

作業・習慣の「順番」を変えるのも有効！

デジタルデトックスなど新しい生活習慣をつくるのは、ハードルが高いという人もいるかもしれません。

そこで、新しい作業を加えずに、**いまの作業の順番を変えることで、不必要な情報に注意を奪われるのを防ぐ方法もあります。**

無自覚にスマホを見始めると、いつになったらスマホを見ることが終わるのか、脳が予測することができません。いつくるのかわからない**利益**に期待し続けてしまいます。そこで、**損失を未然に回避するのです。**

「利益と損失？」と思った方、これから説明するのでご安心を。

たとえば、夕食をとった後に入浴する習慣の人の場合。

夕食後にソファでスマホを見ていたら入浴するのが面倒くさくなり、だらだらネットサーフィン。ようやく入浴したら0時すぎになってしまい、寝不足になりがち……。そんなときは、帰宅後すぐに入浴し、その後で夕食をとるように順番を変えてみましょう。

この場合、入浴が遅れることで寝不足になってしまうのが「損失」、その損失を生み出すのが「ネットの目新しい情報という利益」への期待です。

そこで、ネットの情報という目の前の不確かな利益によって、少し先の未来に起こる寝不足（損失）を避けるため、「入浴する」という行為を前にもってきます。

計画どおり行動できると、その達成感から**同じ行動を続けようとする反応**が生まれます。これにより、「なにか目新しい情報」という不確かな利益に対して脳が期待しなくなるため、だらだらとネットサーフィンをしてしまうのを自然と防げるようになるのです。

07

他人のことが気になってしまう人は、「脳の標準ルート」を修正しよう！

「忙しいのに、自分の仕事以外のことにも首をつっこんでしまうのが悩みです。自分のやるべきことがあるのはわかっているんですが、周りの人のトラブルを見逃すことができず、手伝っているうちに自分の仕事が終わらないことがよくあります」（20代女性）

こうした悩みは、非常によく耳にします。

頼まれるとイヤと言えないばかりか、時には自分から買って出てまで他人のために働いてしまう。自分のことは二の次、三の次。あげくには、手伝った相手が帰った後も、あなたは自分の仕事で夜遅くまで会社に居残り……。

こんなエピソードを、アンケートでもたくさん読みました。

この場合、**「他人のこと」が「余計な情報」になっています。**

そして、これもまた、デジタルデトックスで回避できる可能性があります。

まず、他人のことに首をつっこんでしまうとき、脳内ではどんなことが起きているのでしょうか。たとえば、同僚がトラブルに陥っている場面では、次の2つの仕組みがせめぎ合っています。

【利益への期待】

「自分にやらせてほしい。解決策を教えたい」という衝動。これは、「自分の優位性を示すことや、相手に自分の価値を認めさせることで自己肯定感を高めたい」という思いからくるもので、脳の中心部に位置する「線条体」が働く仕組みです。

【損失の回避】

「人の心配より自分のことをやらないと」という現実的な思考。大脳皮質の一領域である「島皮質」で、体の感覚によって行動を制御する仕組みです。

このように、脳内で**「期待と損失の天秤」**が作動している状態を、行動経済学では「プロスペクト理論」と呼んでいます。

先のケースでは、**「損失の回避」よりも「利益への期待」が勝ってしまうから、自分の作業を後回しにしてしまっているの**といえます。

ではなぜ、「利益への期待」が勝ってしまうのでしょうか。

それは、普段接している情報と関係があります。

現代では、自己肯定感を得ることが最大級の「利益」となっています。SNSや動画サイトを見ると、「あなたでもできる！」「あなたは特別な人！」という自己肯定感を高めるメッセージや情報が至るところにありますよね。

そのため四六時中スマホやタブレットを見ていると、気づかないうちに「自己肯定感を高めてくれる情報」や「自分に都合がいい情報」を探してしまいがちなのです。

脳内の神経活動は、頻繁に使われるルートが標準のルートになっていきます。これは、脳が省エネを図るために行っていることですが、この仕組みにより、意図せずに、**利益（＝自己肯定感を得ること）への期待が標準ルートになってしまうのです。**

どこに行ってもスマホが手放せない、入眠直前までスマホを見ていることもしばしば……という人はとくに注意しましょう。

知らないうちに、脳の標準ルートが書き換えられているかもしれません！

08

「1作業・1スペースの法則」で、高い集中力を維持できる

リモートワークが増え、「パソコン作業をする席で食事もしている」という人も多いのではないでしょうか。

実はこれ、余計な情報に気が散ってしまう原因となるためおすすめできません。

なにかの作業をすると、それに対応して血圧や心拍数が高まっていきます。

そしてこの反応は、「その作業の空間情報」とセットにされて記憶されます。

その記憶に基づいて脳があらかじめ作業の準備をするので、作業場所に行くと速やかに集中することができます。

たとえば、「会社のデスクについた瞬間に仕事モードに切り替わる」という人

はまさにこれです。

ところが、パソコン作業をする席で食事もとるなど、同じ場所で複数のことを行うと、脳の準備が遅れて作業をするときに慌てて代謝が高められるため、負担が大きくなってしまうのです。さらに、予定なく高められた代謝活動は、作業終了後も低下しにくくなります。

この影響で、席についてもなかなか作業に集中できなかったり、作業を終えても不必要な情報をだらだら見たりしてしまいます。

そこで、1つの作業を選び、その作業だけを行う場所を設定してみましょう。

たとえば、仕事用の席を決めたら、その場所では、スマホを見たり、飲み食いをしたりすることは避けます。席を立ってスマホを見て、なにも持たずに席に戻る。こうすることで、あっさりと作業に集中することができます。

1つの作業は、1つの場所で行う。

これだけで余計な情報に振り回されず、高い集中力を維持できるはずです。

第3章

「なにするんだっけ……」

「これ、前にも聞いたな……」を解決！

記憶容量を節約し、必要なことを忘れずにすむ方法

30代男性からの相談

Bさん

仕事のモチベーションはあるのですが、忘れっぽいのが悩みです。

たとえば、打ち合わせで自分の専門的な分野の話をするとき、当然知っているはずの用語やエピソードが出てこなかったりするんです。「あれ？」ってなる。それで後から、なんであのとき思い出せなかったんだろう……と悔しくなります。

担当業務が幅広いせいか、「いまってなんの仕事してるんだっけ？」と思うこともしばしば。仕事を進めている途中で大切なポイントを思い出してやり直すことになり、いつまで経っても仕事が終わらないこともよくあります。

必要なことを忘れないようにするためには、どうすればいいのでしょうか？

「何時間もかかったのに、やらなくちゃいけないことが1つも終わってない……」こういう経験がある人、多いのではないでしょうか。

一昔前に比べて、いまはひとりが抱えるタスクの量は激増しています。膨大な業務量をこなしているうちに、大切なことが抜け落ちてしまい、Bさんのように「自分は記憶力が悪すぎる」と悩んでしまう人も少なくありません。

でもこれ、「記憶力」の問題ではないんです！

大切なのは、**「必要なタイミング」で「必要なこと」を思い出すこと。**

これが要領のよさにつながります。

そして、必要な記憶をすぐに引き出すためには、脳の容量を空けておかなければなりません。

この章では、本当に必要なことを覚えておくための**記憶容量の節約方法**についてお話しします。

記憶をスムーズに引き出す能力は「ワーキングメモリ」がカギ！

朝家を出て、電車に乗った後で「あっ、会議の資料を家に忘れた……」。

こんなあるあるも「必要なタイミング」で「必要なこと」を思い出す力があれば激減するでしょう。

でも、誰もが「ほしい！」と思ってしまうようなこの能力、実は、人間の脳にもともと備わっているのです。もちろん、あなたの脳にも。

それが、**「ワーキングメモリ」**です。

ワーキングメモリとは、脳の記憶機能の1つです。

作業記憶とも呼ばれ、

①なにかの作業をスムーズに行うために、必要な情報を一時的に脳にストックしておく
②必要になったタイミングでその情報を呼び出す

という2つの能力が備わっています。

さらにこのワーキングメモリの優れているところは、①で情報を脳にストックしておくときに、いくつかの関連する情報を1つの「かたまり」として覚えられる点です。

この「ひとかたまりになった情報」を**チャンク**と呼びます。

たとえば、プレゼンテーションで「売上データ」「競合の動向」「市場の変遷」「今後の予測」という4つについて話すときも、「別々のことを4つ覚える」のではなく、「プレゼンという1つのチャンクに統合する」ことで、記憶に定着しやすくなります。

もっと身近な例でいうと、電話番号もそうです。

「０９０○○○○××××」という11桁を丸暗記するよりも、「０９０－○○○○－××××」とハイフンを入れて3桁、4桁、4桁にチャンク化（チャンクをつくること）したほうが覚えやすくなりますよね。

このチャンク化は脳の自動的な機能なのですが、意図的に促す方法もあります（106ページで紹介します）。

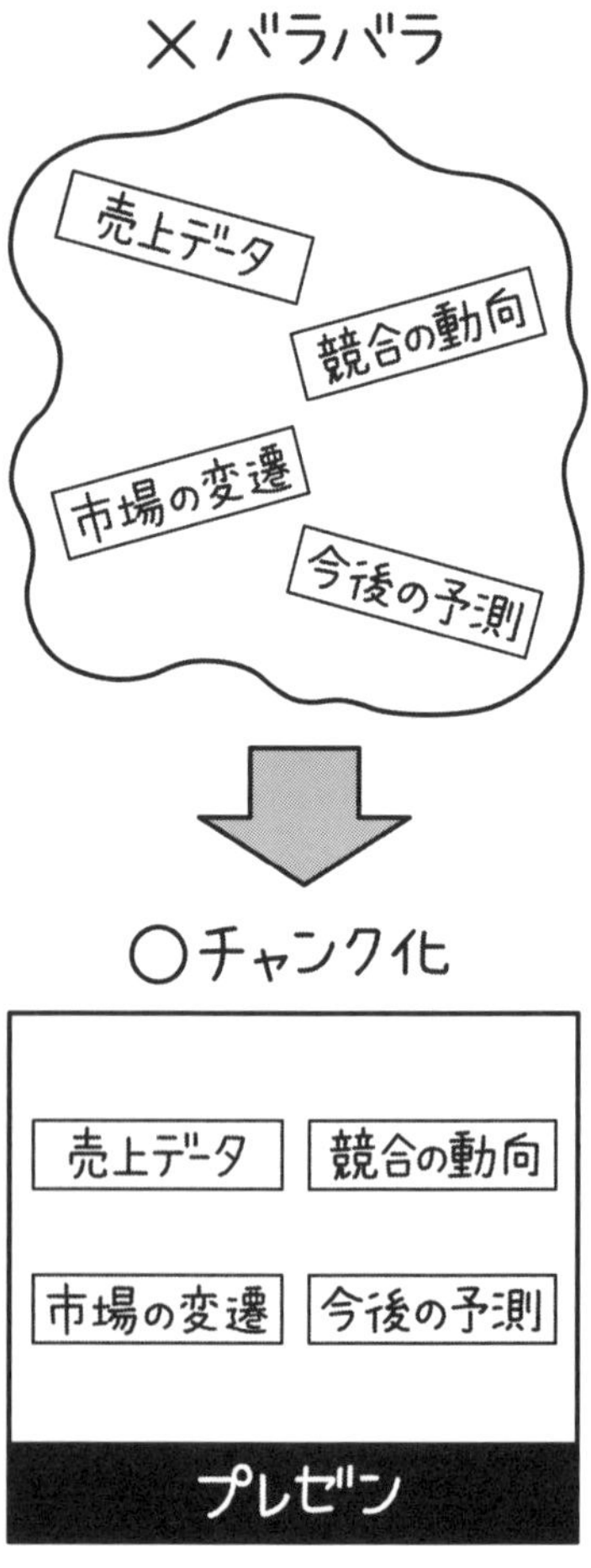

ただ残念なことに、**「ワーキングメモリ」が一度に記憶しておける記憶容量**（＝チャンクの数）**は、4つしかありません。**

しかも、この数を増やすことは脳の構造上、不可能。

つまり、**やるべきことが5つ以上あると、それだけで容量がいっぱいになって頭から離れていくのです。**

Bさんのように、「必要なタイミングで必要なことを思い出せない」という要領の悪さは、**ワーキングメモリの容量がいっぱいになって、処理能力が追いつかない**から。

逆にいえば、ワーキングメモリの容量に余裕ができれば、自然と記憶がスムーズに引っ張りだせるようになるんです。

それでは、やるべきことが5つ以上あるときは、どうすれば忘れずにすむのでしょうか。次ページでは、そのためのコツをお伝えしましょう！

10 5つ以上の作業があるときは、「15分サーキット」で記憶容量を節約！

前ページでお伝えしたように、ワーキングメモリが一度に記憶しておける容量は4つしかありません。

そこで、**5つ以上の作業がある場合は、それぞれの作業時間を「15分以内」で区切る**ようにしましょう（なぜ15分以内なのかは後ほど説明します）。

たとえば、「プレゼン資料の作成（A）」「会議資料の作成（B）」「売上データ入力（C）」「注文書の作成（D）」「経費精算（E）」という異なる5つの作業があったとします。

このとき「1作業30分×5セット」にしてしまうと、「いまってなんの仕事してるんだっけ？」と、業務全体の現在地を見失ってしまいがち。

それを防ぐために、1作業を15分ごとに区切りながら行い、5つ目を15分やったら1つ目に戻ります。

つまり、次のように1つの作業を2回ずつ（2周）行うのです。

A―1：プレゼン資料のアウトラインを決める
B―1：会議資料のタイトルとリード文、項目をつくる
C―1：売上データの入力をする
D―1：注文書に入力する内容をメールから探す
E―1：領収書を整理する
A―2：プレゼン資料に入れる詳細データを探して貼りつける
B―2：会議資料の項目に入れる図表を探して貼りつける
C―2：売上データの入力を終える

D—2：注文書のフォーマットに入力する
E—2：会計ソフトに経費を入力する

このように、AからEまでの作業を順番に回していきます。
たったそれだけで、次のようにさまざまなメリットがあります。

① 15分経ったらなにをやるのかが決まっているので、1つの作業に集中でき、やるべきことを忘れずにすむ
② 「どの作業にどのくらいの負荷がかかるのか」がわかるので、時間配分の能力が上がる（これは136ページの「すぐやる人のスケジュール管理術」にも関係します）
③ AとBのように似通った作業が発生すると、「さっき使った資料が参考になるな」というように、作業のコツがほかの作業に応用できることに気づける

ちなみに、冒頭のBさんの「知ってるはずの専門用語をど忘れしてしまう」に

関しても、作業の順番を決めてワーキングメモリの記憶容量をセーブすれば、自然と「必要なタイミングで必要なことを思い出す」能力が戻ってきます。
なぜなら、ど忘れは本当に忘れてしまったのではなく、別のこと（作業）に注意が奪われて、そのことに記憶容量を使われていることが原因だからです。

フリー時間を意識的につくろう！

この「15分サーキット」のなかに、フリー時間を組み込むのもおすすめです。

前の例でいうなら、「なにもしない（F）」を追加するイメージですね。

「あの人は、いったい1日何時間あるんだろう？」

そんなふうに思ってしまう要領がいい人ほど、実はフリーの時間を設ける傾向があります。

第2章でお話ししたように、ドーパミンの欲求に振り回されているときは、休憩をとることがとても難しくなります。さらに、作業をやり続けて脳が疲労をするほど、意思決定が狂いやすくなります。

文字どおり**「なにもしない時間」**でもいいですし、**「なにをやってもいい時間」**と考えて、好きなことをしてもいいですね。

要は、作業の計画時点から「なにもしない」という課題を設定し、脳の疲労を防ぐというわけです。

脳の記憶容量を増やすことは不可能ですが、このような方法を日常的に意識することで、記憶容量を節約することはできると、ぜひ覚えておいてください。

11 実は簡単！「あれ？なにやってたんだっけ」をなくす方法

日々の生活は、脳内の限られた資源の奪い合いです。

脳の中で一度にストックできる4つの容量をめぐり、激しい「椅子取りゲーム」が常に繰り広げられているのです。

「とにかく集中力がありません。集中しようと何度も自分に言い聞かせても、別のことが気になってどうにもなりません。1時間で終わると見積もっていた仕事が半日かかってしまったり……こんなことが日常茶飯事です」（20代男性）

心がフラフラとさまよって、別のことを考え始めてしまっている状態を「**マインドワンダリング**」といいます。「**1つのことをしているときに、別の作業を思いつく**」かつ「**その瞬間に、前にしていたことは頭から消えてしまう**」のが特徴です。

マインドワンダリングは、意図せずに私たちの脳の容量を使います。勝手に思い浮かんでしまったことに容量をとられることで、ワーキングメモリの使える容量が減ってしまうわけです。

マインドワンダリングの出現頻度を調査した研究では、16分に1回の頻度で出現していることが明らかになっています。

つまり、**16分に1回は「心ここにあらず」の状態で行動してしまう、**ということ。しかも残念なことに、これは脳がもつ特性のため、努力で防ぐのは困難です。

先ほど「作業時間を『15分以内』で区切ることが重要」と書きましたが、それは16分以上経つと別の作業について考えてしまうから。

そこで、**「はかどっていてもそうでなくても、15分で終わり。そこからまた別の作業をする」**というルールを決めれば、作業の集中を妨げるマインドワンダリングは防ぐことができます。

しかし……この話をすると、大抵このように反論されてしまいます。

「どこまでやったかを忘れちゃうから、途中でなんてやめられない！」

でも、**本当に、どこまでやったのかを忘れてしまうのでしょうか？**

「作業を途中で区切って、元の作業に戻ったときに、どこまでやったかを忘れてしまう」というのは、**なにか邪魔が入るといった「受動的な区切り」の場合です。**

たとえば、仕事中にメールがきます。

そのメールを読んで返信をした後、元の作業に戻ると、「あれ？　どこまでやったんだっけ……」とやったところを探すのに時間がかかってしまいます。

それに対して、**「自分で作業を区切った場合」は、元の作業についで忘れにくいはずです。**

試しに、次ページの実験をしてみてください。

実験

次の2つを、5分ごとに繰り返してみてください。

① **文章を書く（スマホやパソコンでもOK）**

② **読書（スマホやパソコンでもOK）**

文章を書いている途中で5分になったら、
そこで終わりにして、読書を始めましょう。
また5分経ったら、元の作業に戻ってください。

いかがでしたか？

意外とすんなり元の作業を再開できたのではないでしょうか。


なぜこのようなことが起きるかというと、**「脳の疲労」**が関係しています。

作業を始めると「アドレナリン」が上昇してやる気になりますが、しばらく作業を続けていると脳が疲労してきます。すると、脳がフラフラとさまよい始めて、関係ないことを考えてしまいます（＝マインドワンダリング）。

これを防ぐために、「ノルアドレナリン」という物質が上昇して集中を保とうとします。

しかし、ノルアドレナリンが上昇して集中を保とうとしているときに邪魔が入ると（声をかけられたりするなど）、ストレスによって**「コルチゾール」**というホルモンが急上昇します。

このコルチゾールがくせもので、記憶を司る「海馬」の活動を弱め、記憶力を低下させてしまいます。そのため、作業に戻ったときに「あれ？　どこまでやったんだっけ？」となるのです。

一方、自ら意識的に15分以内に区切る場合は、そもそもノルアドレナリンが上昇する前に作業をいったん終えることができるため、コルチゾールは上昇しません。**記憶力も低下しないので、すんなり作業を再開できる**、というわけです。

ちなみに、冒頭のBさんの「いまなんの仕事をしているのか忘れてしまう」という悩みも、受動的に作業を区切られてしまい、もとの作業に戻ったときに忘れてしまっていることが原因でした。そこで自ら作業を区切り、限られた記憶容量を能動的に使っていくことを勧めた結果、悩みはすぐに解消されました。

12 記憶容量を節約する3つのメソッド「映像化」「言語化」「動作化」

スーパーでお寿司を買うときは、大体パックになっていますよね。

いくら、マグロ、サーモン、イカ……。

違う種類のネタを自分で一つひとつ選ぶとなると、ちょっと面倒です。ひとまとめになっているからこそ、あまり悩まずに買うことができます。

これと同じことが、脳の中でも起きています。

それが、**「頭頂葉」による記憶のチャンク化。**

ここでは、動作を1つのチャンクにすることで記憶容量を節約する方法をお伝えしましょう。

ところで、「頭頂葉」はどこにあると思いますか？
答えは、脳のてっぺんのやや後ろ（触ってみてください）。

頭頂葉の役割の1つに、「チャンク化」が挙げられます。
チャンクとは、「いくつかの関連する情報を1つにしたかたまり」でしたね（91ページ）。これは「情報」だけでなく「動作」でも同様です。

たとえば、お茶をいれる動作の場合。
茶葉を急須に入れる、急須にお湯を注ぐ、急須から湯呑に注ぐなどの動作を「お茶をいれる」という1つの動作（チャンク）にまとめることで、「次はこれをやって」と一つひとつ考えずにお茶をいれられるようになります。

脳は、その先の展開が詳細に予測できるほど、スムーズに行動できます。

動作をチャンク化して、それをそのまま行動に移してしまえば、おのずと予測はラクになり（というか予測する必要すらなく）、スムーズに行動できる、つまり脳の記憶容量を節約できる、ということです。
こうしたチャンク化は自動的な機能ですが、意図的に、どんどん活動させることができます。

そのカギとなるのが**「感覚」**です。

頭頂葉の主な役割は、「見る・聞く・動く（触る）」といった感覚情報を集め、「それがなんなのか」という答えを出すことです（みかんを見て「これはみかんだ」と即座に理解できるのは、頭頂葉のおかげです）。

「こう動く」という動作のチャンク化も、頭頂葉に集められた「視覚」「聴覚」「固有感覚」をうまく使うことで可能になります。

具体的に、料理を例にした3つの方法を紹介しましょう。

① 映像化

最初にするべきことは、**完成図をイメージすること。**

料理なら、頭の中で「料理番組」を制作して再生してみてください。

たとえば、「今晩は肉じゃがにしよう」と思ったら、最初にテーブルに食事が並んでいる様子をイメージします。「絶品肉じゃが」などと好きなようにテロップを出してみてもＯＫ。

このとき、ご飯や味噌汁など、**すべての品が並んでいる絵を描くことがポイントです。**

続いて、材料を料理していく様子をダイジェストで回していき、最後に盛り付けるところまで再生します。**ここまでを30秒で映像化しましょう。**

自分の目線からどんな景色が見えているのかをイメージしていると、「この鍋をコンロにかけて……。あっ、でもこっちを先にすれば、余熱で火を通している時間につくれるな……」という感じで、大まかに順番をリハーサルできます。

これができれば、つくる順番を間違えてコンロが占領されてしまったり、準備した食材を入れ忘れてしまったりすることも防げます。

レシピを参考につくるときも、工程を映像として頭の中で再現しましょう。

ほかにも、たとえば出張のときなら、家を出てから現地に着いて仕事を終えるまでを超高速で映像化してみます。

すると、駅に着いたときに必要なものや、現地で担当者に会う前にやっておくべきこと、プレゼンテーションで必要な道具やそれを準備するタイミングなどで、足りないものや忘れているものに気づくことができます。

② 言語化

同じく「料理番組」でも、頭の中で実況してみて言語的にストーリーをつくる方法もあります。

視覚と言語の大きな違いは、「時系列」です。

言語的にシミュレーションすると、「まずは」とか「次に」という言葉が出てくるので、作業の順番を整理することができます。

また、使う調味料は「しょうゆ、酒、みりん」や「クミン、ターメリック、コリアンダー」というセリフになれば、入れる調味料やスパイスが3つあるということや、それぞれの発音や文字数で記憶に残りやすくなります。

出張の例でいうと、映像を描くのが難しければ、実況してみましょう。当事者ではなく第三者の目線で、「まずは」「そして」「次は」というように、行動する人をリードするように俯瞰的に実況すると、抜け落ちていることに気づけます。

たとえば、次のようなイメージです。

まずはスーツケースとカバンを持って車に乗り、駅の駐車場に止める。カバンをスーツケースに乗せて駅まで歩き、発券機で切符を受け取り、改札を通る。そして次は、新幹線に乗ってパソコンを出して、シートの下のコンセントで電源をとって……あっ、電源コード入れてなかった！

こうすれば、忘れ物もバッチリ防ぐことができます。

③ 動作化

実技試験などの前に、身振りだけでおさらいをしたことがありませんか？

いつもの動作が決まると、動作を自動化して出力することができるので、記憶容量を使わずに行動することができます。

自分の体がどう動いたかをとらえたり、力の入り具合を感じたりする脳の感覚を「固有感覚」といいます。

固有感覚を用いることで、実際に作業をしているときに、未来の作業のための準備をすることができます。

自分の動作を「こういうときはこう動く」という**「型」**にしてしまい、その型をたくさんもつことで、注意する点を減らし、記憶容量を節約することができます。

たとえば、プレゼンテーションをするとき。

パソコンの左にアナログ時計を置き、マイクは左手に持ち、右手でクリッカーを持ってスライドを操作する。最初の挨拶では相手に自分の全身が見えるように立つ。プレゼンテーションを終えたら、パソコンからクリッカーのレシーバーを外す。自分のパソコンを使用していたらケーブルを回収する……という一連の動作にしておきます。

こうした「型（いつもの動作）」を決めるには、**しぐさや物の置き場所を決めて、なにも考えずに再現できるようにしておくのがポイント。**

たとえば、次のようなイメージです。

◯ プレゼンテーションのときは、会場の奥の天井の隅を左右ゆっくりと見て、笑顔をつくってから話し出す

◯マイクや時計、ハンカチなどを置く場所を決める
◯カフェで仕事をするときに座る席を決める
◯スーツケースに入れる物の場所を決める

とくに、**自分が緊張したり集中しなければならなかったりする場面では、型をあらかじめ考えて、それを実験してみることが大切。**実験してよかった方法を採用して、毎回その型を儀式のように用います。

さらに、忘れ物をしてしまったなどの失敗があったら、それを防ぐ動作を組み込んで、注意しなくても気がつくようにしてみましょう。
こうすることで、さまざまなシーンで型をもつことができ、記憶容量の省エネを図ることができます。

私の場合、さまざまな環境でお話しする機会があるのですが、会場によってプ

ロジェクターの種類が異なるので、変換ケーブルをいくつか持参しています。

ただ、話し終えた後に受講者の方々が質問をしに来てくださると、それに気を取られてケーブルを会場に忘れて帰ってしまったことがあります。

そんな経験から、話し終えたらプロジェクターのコードを確認する動作が染みついています。

第4章

「まあいいかって放置したら
やばいことに……」を解決！

先延ばしをやめて、「すぐやる人」になる！

40代女性からの相談

Cさん

私は作業を後回しにしがちなタイプで、「もっと早くやっておけばよかった」といつも後悔しています。

たとえば、毎週月曜に会議があり、資料を提出しなければならないことはわかっているのに、直前になって慌てて作成しています。それまでにも時間はあるのですが、「まあ、いまじゃなくてもいいか」と時間だけがすぎていき、ギリギリになって「ふう。なんとか間に合った……」と一息つく。いつもそんな感じです。

先延ばしぐせをなくして、「すぐやる人」になるにはどうすればいいのでしょうか？

「やるべき」だとわかっているのに、実践する気になれない。
解決策は知っているのに、やる気になれず先延ばししてしまう。

こういう経験、よくありますよね。

人によって大きく変わる「すぐやる／すぐやらない問題」。
これ、多くの人は「性格」「能力」「やる気（モチベーション）」の問題だと思っていますが、実は違います。

ポイントは「脳をすぐやるモードにする」こと。

本章では、努力や気合いいらずで「すぐやる人」になる方法を紹介します。

13 ポジティブワードと朝の振り返りで「すぐやるモード」にチェンジ！

Cさんのように、先延ばしを繰り返してしまう人の場合、「またやっちゃった……」といった罪悪感を自身に抱きがちです。

たしかに、「これはやるべきことだ」とわかっているのに先延ばしをしてしまうと、情けなく感じたり、悔しい気持ちになったりしますよね。「自分はなんて要領が悪いんだ……」と思うときもあるかもしれません。

でも、**すぐやらない自分を責めてはいけません。**

もし先延ばしをしてしまったら、否定的な言葉ではなく、**「あー、また1つ学んだ」「逆に、こんな短時間で対応できるなんて自分は優秀だな」**といったポジティブな言葉をつぶやきましょう。

詳しい脳のメカニズムは150ページで解説しますが、ネガティブな言葉を使わないだけでも、脳は「できる自分」を勝手に想像し、その姿に近づくような行動をとってくれます。

ただ、そうはいっても、「できなかった自分を肯定するのは難しい」という人もたくさんいますよね。そこで、ぜひ実践してほしい方法があります。

私の経験上、多くの「すぐやらない人」が自己嫌悪に陥りがちなのは**「就寝前」**です。

みなさんも、眠ろうと目をつむってから「あーなんで、あの仕事もっと早くやっておかなかったんだろう」「今日はなにも進まなかったな……」と後悔した経験はありませんか？

でも、就寝前に後悔や反省をしても解決策が出ず、また翌日から同じような先延ばしを繰り返してしまうことがほとんどだと思います。

そこでおすすめなのが、**1日の終わり時間を「夜」ではなく「朝」に切り替えること。**

朝は、感情的な後悔や反省よりも、「今日はこれをやる」という前向きで具体的な目標設定がしやすい時間帯です。これは、睡眠時の脳の活動によって思考が整理されているから。

就寝前に1日の振り返りをしてイヤな気持ちになってしまう人は、「夜＝1日の途中」と考え、「朝」にその日（＝前日）の振り返りを行いましょう。起きた瞬間に、30秒で構いません。

それだけで、同じ振り返りでもポジティブなものに変わり、朝から明確な目的意識をもって仕事に取り組めるようになります。つまり、1日を「すぐやるモード」ですごせるのです。

さらに、就寝前の後悔や反省がなくなり、「明日はこれをやらなきゃ」というプレッシャーも緩和されるので、睡眠の質も上がります。まさに一石二鳥の方法です。

14 すぐやる人ほど、「ＴｏＤｏリスト」が短い理由

仕事や勉強でよく使われる「ＴｏＤｏリスト」。

「これやらなくちゃ」と思った瞬間、やみくもにリストに追加していませんか？

実は、ＴｏＤｏリストのつくり方ひとつで、優先順位のつけ方が驚くほどラクになります。

すぐやる人は、ＴｏＤｏリストの項目数を増やさないよう心がけています。

たとえば、「メールの受信」と「すぐに返信」をワンセットで行うことで、「○○さんにメールする」という項目をＴｏＤｏリストに追加せずにすみます。

同じように資料作成も、「事前調査」と「作成」を1つの項目にすれば、ToDoリストへの追加項目は最小限になります。また、脳が1つの作業とみなして「まとめて時間内に対応しよう」と考えるようになるため、「調査は終わったけど、作成に着手できていない」という先延ばしを避けられます。

ToDoリストに挙がる課題が多いと、ぱっと見ただけで「まだこんなに残っている」「やってもやってもなくならない……」とネガティブになりがちです。また数が多くなる分、抜け漏れが多くなってしまいます。

一方、**ToDoリストを短くするように心がけていると、自然と「すぐできるものは、すぐ行動する」ようになります。**

そうすると、ToDoリストに追加される項目も、すぐには対処できないものばかりに限られるので、なにから取りかかるべきか明確になります。優先順位をつける時間が大幅に短縮されるのです。

ＴｏＤｏリストを使っているなら、「このなかで、次回リストに加えずにすむ項目はどれか」を見極めてみましょう。

そうすれば、「この作業は、実はすぐに対応できるものだ」という選別ができます。

「遂行型ＴｏＤｏリスト」がひらめきを生む

ＴｏＤｏリストに追加するときは、**「遂行するところまで」**をイメージしておくことも重要です。

たとえば、「今週の金曜までに部下との１ｏｎ１の面談を行う」という場合、単にリストに追加するのではなく、「こういうことを話そうかな」「そういえば、こないだのプレゼン、とてもよかったな」など当日に話す内容や流れをイメージしておきます。

こうすることで、脳における重要度が高まり、「部下との１ｏｎ１」に関連する出来事に反応しやすくなります。これには、ワーキングメモリ（90ページ）の「なにかの作業をスムーズに行うために、必要な情報を一時的に脳にストックしておく」という能力が関係しています。

結果として、「こんなことも話そう」というアイデアや思いがけないひらめきが出てきやすくなるのです。

ToDoリストは「見えない場所」に

また、ToDoリストに書かれている課題を見て「よし、これをやろう」と決めたら、目に見えない場所にリストをしまいましょう。

「デスクトップ上にずっと置いておく」「パソコンに貼り続けておく」などはNGです。常に見えるところにToDoリストがあると、脳はいますぐ着手しない課題についても「やらない」という判断をしなければならず、負担になってしまいます。脳に見せる課題は1つずつにするよう心がけましょう。

15 優先順位を無視して、「ビンゴゲーム」で作業する

「作業が重なったときに優先順位を立てるのが苦手」という人は、**一般的な優先順位は無視して、自分なりのゴールをつくるのがおすすめです。**

脳は、「もうちょっとでできそう」という課題設定で一番やる気になります。

この課題設定をするために、作業の工程を分解して、**ビンゴゲーム**にしてみましょう。

たとえば、風呂掃除でなにから手をつければよいのかがわからないとき。

「浴槽を磨いていたら壁のカビが見つかって、カビを落としていたら風呂釜を洗っていないことに気がついて……」という感じで、次々にやることが目についていて1つも終えられない、という事態に陥るかもしれません。

そこで、風呂掃除という課題を「9分割」して、紙に書き出してみましょう。自分がわかればいいので、適当な紙に走り書きで構いません。

浴槽磨き、カビ取り、風呂釜掃除、ふたの掃除……という感じで9つに分けられたら、そのうち3つを終えられれば、ビンゴ達成です。

こうすることで目的が可視化・細分化されるため、「ここから始めようかな」と取り組むハードルが低くなります。

また、自分なりのゴールをつくると、2つ終えたところで**「もうちょっとでビンゴになる！」**という前向きな気持ちが強まり、自然と「すぐやるモード」に切り替わるので、先延ばしがなくなります。

16 段取り上手な人は、「作業の走力」を把握している

「自分が決めた日までに作業を終えることができません。締め切りを設けることが大事だと聞いてから、できるだけ自分で締め切りを決めるようにしているんですけど、守れたためしがないんです」（20代男性）

ゴールに向かって実行するには、「締め切りを設ける」ことが有効です。ゴールが明確になり、いま自分がどの地点にいて、どのくらいのペースで作業しなければならないのかがわかります。

ただ、この男性のように、締め切りを設けても守れない場合があります。

原因は、**「締め切りまでの道のりが遠すぎるから」**。

予測は、時間のスパンが長いほど難しくなります。

たとえば、フルマラソンを走るとしても、ゴール地点のタイムだけを設定して走ったりはしませんよね。5km、10km、20km、30kmなど細かく目標タイムを設定し、ペース調整をするはずです。

締め切りを決めるときも、これと同じ。**まずは、「自分の作業の走力」を知ることから始めましょう。**

「作業の走力」を把握することで、所要時間の見積もり精度が高くなります。「スケジュールどおりに終わらず、本当はやるはずだった作業を先延ばししてしまった……」という事態を避けられます。

みなさんも、「5分でなにができるのか」「30分でどのくらいのことができるのか」という短距離、中距離、長距離の走力を測ってみてください。

【調べてみよう！】

●5分で終わる作業……スケジュール確認
●10分で終わる作業……メールチェック
●30分で終わる作業……ブログ執筆
※人それぞれなので実際に測ってみましょう。

また、**「作業の走力」がわかれば、空いた時間にピッタリはまるものを選ぶことができます。**

たとえば、パソコンのデスクトップがアイコンで散らかっている人、多いのではないでしょうか？　いまは使わないフォルダ、作成途中のファイル……デスクトップ上が散らかっていると、必要なものを探すときに時間がかかりますよね。

とはいえ、整理しようと思っても「なんか面倒だから、また今度でいいや」と先延ばししがちです。

でも、いざ実践してみれば、想像以上に短時間で終わらせられるかもしれません。実際、本書の担当編集者が打ち合わせ前にデスクトップを整理してみたところ、2分できれいになったそうです。

2分でできることがわかれば、だいぶ精神的なハードルが低くなりますよね。ちょっとした隙間時間ができたときも、「あっ、この時間にデスクトップを整理しておこう！」と思えるはずです。

「時間がかかりそう」「面倒くさそう」と思って手をつけていない作業は、まず時間を測ってみましょう。

それだけで「意外とすぐに終わること」がわかり、「だったら、○分空いたからこれをやろう」と気持ちが変わるかもしれません。

「なぜ予定どおりに終わらなかったか」を振り返る

スケジュールを立てる際には、「開始時刻」だけではなく「終了時刻」も意識することが大切。

とくに、作業に没頭してほかの作業を先延ばしにしてしまう人に有効です。

もし予定していた終了時刻に作業が終わらなかったら、手を止めて「なぜ終わらなかったのだろう?」と向き合ってみてください。

たとえば、資料作成なら「調査に時間がかかった」「似たような資料をつくっていたのに、その資料がなかなか探せなかった」など理由が見つかるはずです。

理由が見つかれば、すぐに対処すべき課題、不得意な作業などが明確になります。それをふまえれば、所要時間の見積もり精度も高まり、スケジュールどおり作業を終えられるようになります。

時間で作業を区切ってしまうと、「せっかく集中してたのに」と中断するのがもったいなく感じるかもしれません。

でも、途中で切り上げて予定よりも遅れている原因をノートに書き出したり、誰かに話したりするなど「アウトプット」をすると、作業全体を俯瞰的にとらえられるため、作業への理解度も高まります。

アウトプットすることで、「フィードバック誤差修正（150ページ）」という脳の機能が働き、不自然な点が修正され、次に作業をする際の効率がよくなるからです。

17 すぐやる人の「スケジュール管理術」

チームで仕事をしていると、誰かがスケジュールを組んでくれることがありますよね。でも、できれば自分でも、それとは別にスケジュールを考えてみることをおすすめします。

なぜなら、**スケジュール管理は、他人主導で決められて受動的になる場合と、自分主導で決める場合とでは、脳にとってまったく意味が変わる**からです。

「時間を区切るのが苦手だから、誰か締め切りを設定してくれないかな」という気持ちはよくわかりますが、それだといつまで経っても要領はよくなりませんし、むしろストレスが増えることになります。

理由はこうです。

自分で作業を区切りペース配分をした場合、立てた予測よりも前倒しで終わらせることができれば、「思ったより早い」という予期せぬ報酬が手に入ります。予期せぬ報酬が手に入るとドーパミンが急増して、「もっとこの報酬がほしい（前倒しで終わらせたい）」という思いが強くなります。

この繰り返しにより、流れるように作業することができ、1日を終えたときには、「今日は充実していた」と感じることができるのです。これは、**ドーパミンの有効な活用法です。**

一方、受動的にスケジュールを区切られた場合はまったく異なります。

たとえば、**「締め切りを守れば、みんなに迷惑をかけない」**

このように報酬が設定されると、締め切りを守るための方法を脳はあれこれ考えます。

一見、これでもよいように感じますよね。

ところが、予定していたとおりに作業を終えて、実際に迷惑をかけなかったとしても、ドーパミンは増えません。**ドーパミンが増えるのは、あくまでも「予期せぬ報酬」の場合だからです。**予告どおり得た報酬は報酬にはならないのです。

加えて、迷惑をかけないように締め切りを守ったのに、相手はそんなことをすっかり忘れていた場合、いつもよりドーパミンは激減し、やる気そのものが失せてしまいます。

スケジュール管理をするときは、必ず自分で考えて締め切りを設けるようにしましょう！

18 先延ばしをなくす超簡単な方法

「先日、会議の議事録作成を頼まれました。でも、私はその会議でちゃんと話を聞いてなくて、すぐに取りかからなかったんです。誰かに聞けばすぐにできたと思うのですが、恥をかきたくないっていうか、なんとかなると思って……。結局、先延ばしにしてしまい、なんとなくまとめたら、やはりというべきか、上司に内容の薄さを指摘されました」（20代女性）

こうした先延ばしの解決には、この女性の**「恥をかきたくないっていうか」**という言葉が大きなヒントになります。

私たちの脳は、相手から「能力がない」と失望されることを避けるために先延ばしをすることがあります。

こんな経験がありませんか？

セミナーに参加して、疑問点があるのに手を挙げて質問することができない。このとき、脳内では「なんて言えばいいんだろう？」と考えていると同時に、「うまくできないかも。恥をかくのではないか」という不安を抱いています。そして質問できなかったのに、「次の場面ではかっこよく手を挙げて質問している自分」という幻想だけがつくられていく……脳にはそんな特徴があります。前ページの20代女性も、「なんとかなる自分」という幻想を抱いていました。

そこで、この幻想を思い切って手放してみましょう。

今日質問できないならば、同じ方法では明日もできない。そもそも「質問すること」が目的ではないはず。**「ならば方法を変えてみよう」と考えるの**

です。「この方法でも自分はできるはず」と思うことが幻想であり、その幻想を手放さないと、違う方法を選択できなくなってしまいます。

A：**「自分ならこのくらいできるはず」**
B：**「自分はこの方法ではできない」**

Bの考えを選んで、「自分なりの方法を見つけよう」と考えてみましょう。
前述のセミナーの場合、手を挙げて直接聞くことができないのなら、別の方法で疑問を解消すればいいのです。

◯家族や友人に話してアウトプットしてみる
◯講師が発信しているブログやSNSを見てみる
◯同じような内容を別の人が話している動画を探す

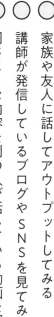

このやり方を、「できない自分から逃げてしまった」と感じるかもしれませんね。でも繰り返しになりますが、**質問することが目的ではありません。**ゴールに向かうために、速やかにルート変更をすることが大切です。

先ほどの女性のように、恥を気にして先延ばししてしまうなら、「請け負って完璧な資料を返す」という幻想を手放し、ほかの人との共同作業にしたり、少し手をつけた段階で「ここまでやってみたんですけど」と相手に見せてみたりするという別の行動を選択してみましょう。これだけで先延ばしする傾向はかなり解消されて「要領がいい人」になれるはずです！

19

やみくもな「すぐやる」はリスク大！「すぐやらない」が正解のケースとは？

この章では、先延ばしをやめ、「すぐやる」ための脳の使い方を紹介してきました。最後に、あなたにお伝えしておきたいことがあります。

それは、**「すぐやることの弊害」**。

「すぐやること」を盲目的に目指してしまうと、逆に要領が悪くなってしまうこともあるのです。

たとえば、テストのとき。要領がよくない人はすぐに最初の問題から解き始めます。一方で、要領がいい人は全体を俯瞰して、どの順番で解くかを考えてから取りかかります。

仕事でも、ゴールを設定せずにやみくもにスタートした結果、段取りが悪くなってしまったり、「あれを忘れてた！」とやり直しになったり、後で大変な目に遭ってしまったりすることは少なくありません。

この本のためにとったアンケートでも、こんなことを書いてくれた方がいました。

ふいに企画のアイデアがおりてきて、考えれば考えるほど、成功間違いなしと思えました。一晩かけて企画書をつくり上げたのですが、翌日気づいたんです。「これ、同僚が動かしている企画と丸被りだ……」。高揚感に突き動かされて、冷静さを失っていた自分がイヤになりました。（30代男性）

このような「一晩おいて冷静になってみれば」という経験を書いてくれた人は、ほかにも何人かいました。おそらくこの男性も、「ふいにアイデアがおりてきた」

結果、ドーパミンがあふれ出し、飛びついてしまったのだと考えられます。

そう、**怖いのはドーパミンの作用で、やみくもに「すぐやる人」になってしまうこと。**

54、164ページで紹介している「興奮サイン」を感じ取ったら、一度落ち着いて全体を俯瞰してみましょう。第2章で紹介しているドーパミンの欲求を鎮める方法を実践してみてください。とくに、重要な結果やリスクをともなう決断は、しっかりと睡眠をとり、脳内の情報が整理された状態ですることをおすすめします。

「これはドーパミンのしわざだな」と思ったら、意識的に「すぐやらない人」になることが、あなたを要領がいい人にします。

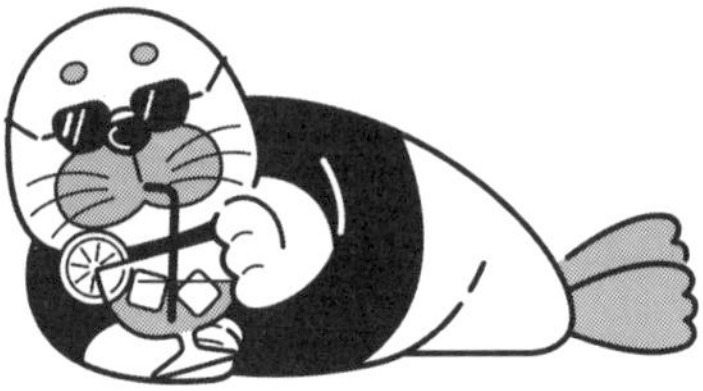

第5章

「いつもこうだな……」

「よく眠れない……」を解決！

同じ失敗を繰り返さない技術

20代男性からの相談

Dさん

資料の作成中、気が散って別の作業を始めてしまい、いつも提出がギリギリになってしまいます。おまけに、日付や人名などの細かい部分を間違えることもしばしば……先日も先輩から注意されたばかりです。

あと、遅刻や忘れ物が多いのも悩みです。余裕をもって起きているはずなのに、準備をしているうちにあっという間に出発時間に。バタバタ準備をしているので忘れ物も多く、家を出てから取りに戻って結局遅刻してしまいます……。

同じ失敗をなくすには、どうしたらいいでしょうか？

「自分は要領が悪い」と悩む人の特徴の1つとして、**同じ失敗を繰り返してしまう**ことが挙げられます。

周りからは「単に不注意なんじゃない？」「直す意識が足りないのでは？」という態度をとられ、自分でも「はあ。またやっちゃった……」と落ち込む。あるあるの光景です。

ここでポイントとなるのは、**努力で何とかしようとするのをやめて、全部「脳の修正力」に任せること。自分自身は「ただのセンサー」になるのです。**

人間の体は、感覚センサーの集合体です。センサーの感度を上げれば、後は脳が勝手に「修正力」を発揮してくれます。

そう。**頑張るのはあなたではなく、あなたの脳！**

20 「口ぐせ」が最強の修正力をつくる

「失敗は成功のもと」ということわざは、「なにが間違っていたのかを調べて次に生かしていけば、必ず成功する」という意味です。

素晴らしい人生訓ですが、実はこれ、脳科学的にも裏づけられています。

なぜなら、脳には、行動した結果、得られた感覚に基づいて次の行動を修正する**「フィードバック誤差修正」**という仕組みがあるからです。

作業をすればするほど上達していくのは、この仕組みのおかげ。

つまり、**「同じ失敗を繰り返す」という要領の悪さは、「脳へのフィードバック機能が正しく働いていないから」**といえます。

これを防ぐには、**自分では気づかずに埋もれている「感覚」を発見する必要があります。**

たとえば、Dさんのように同じ失敗をしがちな人でも、「プレゼンを周囲から褒められ、目頭が熱くなった」「大きな契約を受注できて興奮し、『自分ってすごい！』と思えた」など、ポジティブな出来事による感覚はなにかしらあるはずです。

こうした感覚が一度掘り起こされれば、「その感覚に基づいて行動を修正してみよう」と脳内で自動的にセットされます。

感覚が埋もれてしまう原因の代表例は**「口ぐせ」**です。

「いつも○○」
「○○ばっかり」

こんな言葉を使っていませんか？

たとえば、「いつも眠れない」と言うと、完全に睡眠をとっていないことになりますが、実際にはそんなことはあり得ません。しかし「いつも」と言ったことで、眠れた日の感覚が埋もれてしまいます。

埋もれてしまえばその感覚は忘れてしまい、忘れてしまえば、自分はそうだと決めつけてしまいます。

一部のことを全部のように決めつけてしまう口ぐせをやめて、代わりに「あのときはうまくいった」とつぶやいてみましょう。

脳内では、うまくいったときの感覚に焦点が当てられて、違う結果になるための行動記憶を読み出すことができます。

私たちが使う言葉は、記憶の「検索ワード」のようなもの。

「あのときはうまくいった」とつぶやいたとき、脳内では「あのとき」の行動記憶が検索されます。グーグルなどの検索エンジンを使うと、関連するページを探し出してくれますよね。あれと同じイメージです。

なので、脳という検索エンジンの中にポジティブな行動記憶を入れておけば、検索するときもポジティブな記憶がヒットし、その記憶に基づいた行動（＝うまくいったときの行動）を自動的にとってくれる、というわけです。

普段から「いつも」と「ばっかり」という言葉を使わないようにしてみるだけで、**脳のセンサーが働き始め、「うまくいったときの感覚」を掘り当ててくれます。あとは、脳の修正力に任せるだけ！**

ほかにも、こんな言葉を口ぐせにしていませんか？　もしこのなかに、「言っちゃってる……」というものがあれば、今日から使用禁止です！

【NG口ぐせ集】

・絶対〇〇　……　絶対失敗する、絶対忘れる、絶対眠れない
・また〇〇　……　またやっちゃった、また怒られた、また遅刻した
・昔から〇〇　……　昔から要領が悪い、昔からミスが多い、昔からこうだ
・必ず〇〇　……　必ず怒らせる、必ず忘れ物をする、必ず嫌われる
・〇〇ばっかり　……　トラブルばっかり、悪いことばっかり、負けてばっかり
・〇〇だけ　……　自分だけ損をしている、あの人だけ得をしている
・全然〇〇　……　全然ダメ、全然うまくいかない、全然思いどおりにならない

21

「またやっちゃった……」を防ぐ魔法の一言

同じ失敗を繰り返したとき、つい出てしまう言葉がありますよね。

それは、**「またやっちゃった」**。

たとえば私も先日、注意が散漫になっていて、手を滑らせて食器を割ってしまいました。そこでつい口から出た「あーあ、またやっちゃった」。「なんでこんなことに……」とがっかりしました。

でも、ここで終わりにするのではなく、もう少し掘り下げて考えてみましょう。

がっかりしたのはなぜだと思いますか？

同じミスを繰り返す自分がイヤになるから……もちろんそうですね。

でも、実はその背景には**「もう失敗を繰り返さない」という期待、「ミスをしない自分」という幻想があるのです。**そして、ここにもドーパミンが関わっています。

ドーパミンは、新しい刺激に反応していくのでしたね（48ページ）。「次こそ違う自分になれるはず」という思いが「新しい刺激」となり、期待を高めます。それがもろくも崩れ去ったことに、がっかりしているのです。

そこで、次のように言葉を置き換えてみましょう。

「またやっちゃった」ではなく、

「またやるな」とつぶやく。

この言葉には3つの効能があります。

① 失敗を繰り返す自分への「がっかり」を減らすこと
② 「次は失敗しない自分」という幻想をもたずにすむこと
そして
③ 脳の修正センサーが働き始めること

「これは必ずまた起こる」とつぶやいたとき、脳内では、過去に体験した類似の失敗の記憶が検索され、そのときの具体的な行動と感覚を思い出します。そして、同じ失敗を繰り返す**「原因となる行動」**を探り当ててくれるのです。

たとえば、参加するセミナーの会場を地図アプリで検索して車で向かったところ、途中で会場を間違えていることに気づき、結果として遅刻してしまったとします。

このとき「またやるな」とつぶやくと、過去の記憶が自動的に検索されます。「そういえば前にも、道が渋滞していてセミナーに遅刻したことがあったな。そもそも今は通勤時間帯なんだからカーナビ任せにしないで、渋滞することを考えて早めに向かうべきだよな」

このように過去の類似体験を思い出すことができ、デバイス任せにすると当日の行動予測が甘くなるという「原因となる行動」を見つけることができます（ちなみに、ここの例は私の実体験です）。

あとは原因となる行動を、別の行動にすり替えるだけ。これで、修正力は格段に高まります。

もう1つ、こんな例を見てみましょう。

納品を終えたら請求書を出す流れになっているのに、次の注文が入ったことに注意が奪われて、請求書を出し忘れてしまった。この例では、「注文が入ったことに注意を奪われてしまった」ことが「原因となる行動」です。

この場合、注文が入ったときには、一連の作業を終えてからその内容を確認する。このように「原因となる行動」に対策行動をつなげておくのです。

最後に、この「またやるな」の効果を、もっと強く、速く実感できる方法をお伝えしましょう。

それは、**「またやっちゃいそうだな」と思った瞬間につぶやくこと。**

たとえば、自宅で作業中に息抜きをしたくて、動画を見始めたとき。

あなたはこれまでに、つい動画を見すぎてしまい、落ち込んだことが何度もありました。そこで、動画を見始めた瞬間から、**「またやるな」と声に出し、予防線を張るのです。**

その瞬間に過去の苦い記憶がよみがえり、短時間でスパッとやめることができるようになります。

一度で足りなければ、何度もつぶやいてみてください。即効性はかなりのものです！

「同じ間違いをしちゃう」には前兆がある！

トラブルの初期段階には、なんらかの「生理的な前兆」があります。

前兆を察知できれば、「いま自分は、失敗を繰り返しやすい状態にある」とセンサーが働き、同じような失敗を防ぐことができます。

みなさん、こんな経験ありませんか？

仕事が忙しくてやることが山積みな時期に限って、**なぜか帰宅後に「その日にやらなくてもいい片づけや掃除」をしてしまう。**

机の上の書類の整理、散らばった洗濯物の片づけ、部屋の隅に置いてあるホコリを被った段ボールの整理などなど。普段はやらずにいるのに、なぜか気になってやり始めてしまう……。

そして、寝不足で翌日のパフォーマンスが上がらず、おきまりの「またやってしまった……」。

このような、通常のテンションと違うときは、同じ失敗を繰り返してしまいがち。日中の忙しさで交感神経が優位になり、その結果として高まった心拍などの生理的な状態に、行動を合わせてしまっているからです。

ほかにも、

◯予定より早く作業が終わったとき
◯売り上げが予想を超えてよかったとき
◯突然誰かに褒められたとき

このような**「予期せぬ報酬」を得たとき**も、ドーパミンが脳にあふれ出し、高い心拍数に合わせて私たちの視野は狭くなり、そのテンションで作業に手をつけるようになってしまいます。

こうした状況のときは、**体が発するサインに注意を向けることが大切。**

脳には、意識が向けられている感覚が増幅される機能が備わっています。

自分の体のサインを見つけて、その生理現象をよく観察する。

すると、脳に到達する段階で感覚は増幅されて、脳内では、「いま、自分の体に起こっていること」が明瞭に再現されます。その結果、「この状態のときの自分はマズい」と気づくことで、最適な行動に修正することができるようになるのです。

23 【調べてみよう！】興奮と鎮静のサイン

最適な行動に修正するトレーニングでは、心拍数や呼吸数をモニターしながら作業をする**「バイオフィードバック療法」**という方法があります。それを自分で実施してみましょう。

たとえば、いまあなたの体は、こんなサインを出していませんか？
次ページのチェックリストで確認してみてください。

❗自分の興奮と鎮静の生理現象をチェック！

興奮のサイン（余計なことをしがちなときの生理現象）

□ 口が乾く
□ 目が乾く
□ 立ちくらみがする
□ 動悸がする
□ 理由なくスマホを見る
□ メールチェック後、一とおり巡回して、またメール画面を開く

鎮静のサイン（眠いときの生理現象）

- 唾液が出る
- 体がかゆくなる
- 話を聞いていないと言われる
- 画面を見ていても頭に残らない
- 目の奥が重くなる

漠然と仕事をしているときは気づかないこれらのサインも、意識を向けることで脳のセンサーが増幅して届けてくれます。

それらを認識したら、本書のメソッドを実践してみてください。

たとえば、「興奮のサイン」を感知したら、第2章で紹介した「すき間づくり」のメソッドを、「鎮静のサイン」を感知したら、躊躇なく仮眠や睡眠をとって脳の働きを回復させるのが有効です。

次ページからは、「要領がいい人」になるための睡眠の超重要ルールを紹介します！

24 効果大！「先取り仮眠」

同じ失敗をなくすうえで天敵となるのが、「眠気」です。
日中に起こった眠気には、よく「15分仮眠がよい」といわれますよね。
でも、そのとおりに実践しても、眠気がずっと続いてしまうことも少なくありません。
この原因の1つは、眠気をギリギリまで我慢していること。
ぜひ、覚えておいてください。

最悪なのは、眠気のピークまで我慢してから、そのままウトウト居眠りをしてしまうこと。

これをしてしまうと、目覚めた後も頭がボーッとした状態になります。眠くなって脳波がゆっくりになった状態で眠ってしまうと、目覚めて急に脳波が速まるわけにはいかないからです。

これは、車が急に止まれない慣性の法則になぞらえて、「睡眠慣性」と呼ばれています。

そこで、おすすめの方法があります。

まだ眠くないうちに先取りして仮眠をしておくと、目覚めた後はよりスッキリできます。

「大体これくらいの時間に眠くなる」ということがわかったら、眠気を覚える前に15分程度の仮眠をしておきましょう。脳のパフォーマンスは格段に上がり、「またやっちゃった」を未然に防ぐことにつながります。

仕事中など、眠るわけにはいかない状況では、**1分間、目を閉じてみるだけでも効果があります。**

目を閉じれば、眠っていなくても「アルファ波」というゆっくりした脳波が出現し、スッキリした感覚をつくることができるからです。

一番やってはいけないのは、いま感じている眠気をただ我慢し続けること。

そうなると、あなたの脳のセンサーが機能不全に陥り、同じ失敗を繰り返してしまうでしょう。

25 要領がよくなる【超重要】睡眠ルール

睡眠について考えるときの絶対ルールはほかにもあります。次に紹介するものを合わせて、ぜひ覚えておいてください！

【起床8時間後のルール】

起床した8時間後（例：7時起床なら15時）は、睡眠・覚醒リズムによって脳の働きが低下し、**知的作業ができず眠くなります。**

この時間帯に資料作成や企画の立案、新しい情報を読み込む作業を当てはめると、たちまちあくびが出て、眠気に耐えることに力を注ぎ続けるはめになります。

【起床4時間後のルール】

起床した4時間後（例：7時起床なら11時）は、**1日のうちで最も知的作業がはかどる時間帯。**この時間に意図的に考える作業をしてみると、なにも工夫しなくてもはかどることが体験できます。

【起床直後のルール】

起業直後は、窓から1メートル以内に入って日の光を浴びるようにしましょう。脳に光が届くと、睡眠のリズムをつくる物質「メラトニン」の分泌がストップし、その時点から体内時計がスタートします。

紫外線が気になる人もいるかもしれませんが、直射日光を浴びる必要はなく、リビングなどの明るいところにいるだけでOKです。パソコンやスマホをチェックする、歯磨きやメイクをするなど、**どんなことでもよいので、毎朝しているることを、窓から1メートル以内の場所で行うようにしてみま**

しょう。

【起床11時間後のルール】

内臓の温度である「深部体温」は、高くなるほど体のパフォーマンスが上がり、その後、急激に下がるほど眠くなって深く眠れます。

起床11時間後（例：7時起床なら18時）は、深部体温が最高になる時間帯です。**この時間に少しでも眠ってしまうと、その晩の睡眠の質は悪化します。**

反対に、1分でできるスクワット10回程度の運動をこの時間にすれば、深部体温が上がり、夜の睡眠の質も上がります。

【仮眠30分のルール】

1日に使える「深い睡眠の脳波」は限られています。昼の仮眠で深く眠ってしまうと、夜の睡眠分を食いつぶしてしまい、夜にぐっすり眠れなくなってしまいます。

昼に仮眠をする場合は、どれだけ時間があっても30分以内に留めるようにしましょう。

【就寝15分のルール】

慢性的な睡眠不足でなければ、通常は、就寝して10分くらいで入眠します。ところが、就寝して15分寝つけなかったら、その後は大抵1時間は眠れません。そのままベッドにいれば、「ベッド＝考えごとをする場所」と脳が学習してしまいます。

そこで、**15分寝つけなかったらベッドを出て、1時間後に眠気を感じたら就寝するようにしてみましょう。**

【起床時間3時間差のルール】

起床時間がずれるほど、脳はダメージを受けます。**平日と休日の起床時間の差は、3時間以内に収めましょう。**

私は睡眠障害を抱えた人をたくさん見てきましたが、起床時間の差が3時間以内の人には、メンタルの不調者はすごく少ないです。反対に、起床時間を3時間以上ずらして、昼頃まで寝だめをしていると、やることが面倒くさくなったり、理由なくイライラしたりすることがあります。

【コアタイム5時間のルール】

どんなスケジュールでも絶対眠っている時間帯のことを、「睡眠コアタイム」といいます。たとえば、普段0時に就寝して7時に起床している人が、金曜日の夜に4時まで夜更かしをしていれば、その1週間の睡眠コアタイムは4時から7時の3時間です。

睡眠コアタイムが短いほど、昼間にぼんやりして夜はぐっすり眠れなくなります。**睡眠コアタイムを5時間以上つくることができれば、睡眠のリズムはひとまず安定します。**

26 「首振り動作」で作業をスムーズに切り替える

脳がしっかり目覚めて働いているとき、私たちは、頻繁にある動作をしています。それは、**「首振り動作」**です。

家事の場面なら、皿を拭いているとき、手を動かしながらコンロを見たりトースターを見たり、キョロキョロしています。

これは漠然と周りを見渡しているのではなく、次の動作を無意識のうちに確認しているのです。

この動作は、スポーツでもよく登場します。たとえば、常に状況判断が必要なサッカーでは、プレー中に首振り動作が欠かせません。

次に試合を観るときはぜひ、選手の首（顔）の動きに注目してみてください。一流のプレーヤーほど、プレー中にボールを見ずに顔を上げて、ほかのプレーヤーを確認しているはずです。

この首振り動作は、ノルウェーの心理学者ゲイル・ヨルデの研究によって指摘され、サッカーにおける標準的な技術になりました。

実は、**睡眠不足になると、この首振り動作が減ることが明らかになっています。**

アスリートのパフォーマンスを測る研究では、睡眠不足の選手ほど首振りが減り、目の前のボール操作に集中しすぎるということが明らかになりました。

睡眠不足により脳の働きが低下して、周りを見る動作が出なくなる、ということです。

まずは、睡眠習慣を見直してみましょう。そのうえでおすすめしたいのが、**「首振り動作」を意識的に取り入れること。**

無意識のうちに行っているこの動作を取り入れることで、スムーズに作業を切り替えることができるようになります。

つまりこの動作は、訓練によって獲得できることなのです。

たとえば料理のとき。肉に下味をつけるのに、袋に入れてもみ込む作業を始めたら、顔を上げてまな板を見る。まな板が空いていることが確認できたら、もみ込む作業を終えて袋を冷蔵庫に入れた後、まな板の上で野菜を切る。切りつつ手を止めて顔を上げ、コンロを見て進行中の料理の焼き具合を確認する。

このように、**「手作業→首振り→次の作業の決定」を繰り返せば、複数の作業があるときも、同じ失敗の繰り返しを減らすことができます。**

首振り動作は、ビジネスシーンでも役立ちます。

たとえば、自社でイベントを主催するとき。ステージのレイアウトを確認しながら、会場に入ってくる人が迷っていないかを見る。客席で談笑しているスタッフの様子を見て、作業をもて余していないか、トラブルがないかを見ながら、マイクや映像係の動きを確認する。

このように首振り動作を技術として使い、状況把握能力を高めて失敗の繰り返しを防ぎましょう！

27 なにをやってもダメなら「ゴール設定」を変えてみる

時間管理や仕事効率化に関する情報はあふれていますが、悩む人は減らないばかりか、むしろ増えているようにすら感じます。

ということは、必要なのは「目新しいノウハウ」ではなく、「根本原因の改善」なのかもしれません。

「いままであらゆることを試してみた」のに効果がないときは、**ゴールの設定を変えてみる**のがおすすめです。

先日40代の女性から、こんな相談を受けました。

「マニュアルを見やすいように置くなど工夫しても、作業速度が全然上がりません。自分の作業能力が低すぎます。周りとは違いすぎるんです」

この方が設定したゴールは**「周りと同じ速度で作業すること」**。

でも、周りと自分を比較して、自分の作業の遅さを感じていると、緊張感から自律神経が乱れて、目や顎、首、肩、手先に力が入り、足はつま先を立てたり地面に押さえつけたりして突っ張ります。

これは、机の上で作業するには適さない姿勢です。

脳の上にある「上頭頂小葉」という領域が、作業に適さない姿勢を検知すると、ワーキングメモリによる情報選別が行われなくなり、余計なことに注意が奪われて、ますます作業速度は遅くなってしまいます。

さらに、周りの人を意識すると、注意事項が山のように出てきてしまいます。たちまち情報過多になって記憶容量がオーバーします。

また、他人に合わせて急いだ結果、後でミスが見つかったりクオリティが低かったりすれば、結局作業は遅れてしまいます。

その結果、本来持っている能力よりも、さらに効率が落ちてしまう。

どれだけ意識しても要領がよくなれないのは、やり方の問題ではなく、**「周りと同じように作業しよう」というゴール設定の問題。**

つまり、ゴール設定が逆に足かせになってしまっていたのです。

そこで私はこの方に、周りのことはいったん忘れて、**「自分の処理速度を1・5倍にすること」を新たなゴール**として提案しました。

そのための方法としてアドバイスしたのが**「分解」**です。

情報量を減らすために、新しいやり方を試すのではなく、課題を分解して確実にできることを一つひとつ処理していきます。

たとえば、以下のようなイメージです。

- 文章の添削をしているときに、誤字を見つけることだけに絞り、内容は深く読まない
- プレゼンテーションの構成を練っているときに、伝える順番のみを考えてデザインや話し方は考えない
- データの入力をしているときに、その後の分析については手をつけない

1つに絞ることで、作業は確実に進みます。

作業の進行が確認できていれば、焦りや不安から体がこわばってしまうこともなくなります。もちろん、「15分サーキット」（94ページ）もこのケースでは効力を発揮するでしょう。

もしあなたが「いままであらゆることを試してみたのに効果がない」と思われるなら、ゴールの設定を変えてみるのがおすすめです。

【ゴール設定の変更例】

「売り上げを伸ばす」→「いま手がけている商品の取引先を増やす」

「残業をゼロにする」→「定時で帰宅する日を1日つくる」

「まったく新しい企画を提案する」→「過去の企画をかけ合わせた企画をつくる」

「毎朝6時に起きる」→「休日も平日と同じ時間に起床する」

「社内でコミュニケーションを図る」→「同僚に自分の相談をする」

「整理整頓をする」→「書類をデスクに置く前にファイリングする」

「新規開拓のためにアポをとってミーティングする」→「ミーティングで1つだけ実行できることを決める」

「新商品の企画会議で採用される」→「まずは『面白い！』と言われることを目指す」

このように範囲を限定し、ゴールを変えてみることで、目標達成の最短距離が見えてくることがあります。

第6章

「その手があったか！」

「やっておけばよかった……」を解決！

想像力、自分の頭で考える力を高める方法

40代男性からの相談

Eさん

「要領がいい人とそうでない人には明確な違いがある」と思っています。

たとえば、新しい商品を企業に売り込もうとする際、何度断られても、くじけずに企業をまわり続ける「愚直さ」みたいなものが美談になりがちですよね。

でも要領がいい人は、何件か断られたら、すぐに違う方法に切り替えます。「あ、この方法は違うな」という感じ。たとえば、商品に関連する情報をSNSで発信し始めたりします。

この「違うな」っていうことに気づくのってやっぱりセンスの問題なんですかね。「想像力」や「自分の頭で考える力」を高める方法ってないのでしょうか？

「言われてみればそうだけど……なんで気づけなかったんだろう？」

こんなふうに感じること、よくありますよね。

本来の目的や最適なやり方にたどりつくまでに、誤った目的設定ややり方をしてしまうのはよくあること。

でも、「このやり方が一番いいんだ！」という思いに固執すると、本来の目的もゴールも見えなくなっていき、要領が悪くなってしまいます。

実は、**固執（先入観）をすぐに解除できる技術**があります。

この章では、思い込みを捨てる方法とともに、多くの人が切り捨てがちな「ムダ」や「価値のないこと」から新たなアイデアを見つけ出すヒント、そして「地頭力」を高める方法を紹介します。

28 非効率な方法に固執してしまう「構え効果」を解除せよ！

「同じ作業をしているはずなのに、自分だけ時間がかかってしまう」というときは、「どうしてみんな要領よくできるんだろう」という気持ちになりますよね。「あの人はいったい1日何時間あるんだろう」と思うかもしれません。

たとえば、こんなシーン。

膨大な資料の中から、必要な文章を抜き出す作業をしているときに、どの文章が必要なのかを注意深く読み込んでいく。

ところが、すぐに作業を終えた人にこんなことを言われる。

「そんなの、いらない文章を削除していけばすぐ終わるじゃん」

正直イラッとくるのと同時に、「でも、この人の言うとおりかも。なんで気づかなかったんだろう……」とも思う。

客観的に見れば当たり前と思えるようなことに気づかずに、非効率な方法をやり続けてしまう。この現象を**「構え効果」**といいます。

なにかの作業を始めるとき、最初にぱっと浮かぶのは「いつものやり方」ですよね。構え効果とは、そうしたなじみのある考えに引っ張られてしまい、もっと適切な考え方があることに気づかなくなる現象です。

人の脳は、過去の経験則から先を予測することで、脳の省エネを図っています。その意味ではとても便利な機能なのですが、反面、別のよい方法に気づかなくなってしまうことがあるのです。

たとえば、チェスプレーヤーの眼球運動を調べた研究では、よい手が打てないとき、一見するとプレーヤーは「盤上を眺め、さまざまな手を考えている」ようですが、分析すると「当初立てた方針から離れるのが困難になってしまい、別の解決策に気づかない」という状態になっていることが明らかになりました。

要領がいい人は、この「構え効果」を解除するのがうまいです。

「構え効果」を解除するタイミングは、冒頭のEさんの話に出てきた要領がいい人のように、「これは違うな」と気づいたとき。心にふと浮かんだ小さな疑問や違和感を見逃さず、それまでの方針をやめてしまうことです。

「構え効果」の存在を自覚し、早い段階で解除できれば、要領よく行動できるようになります。

「まばたき」だけで解除できる

「構え効果」を最も簡単に解除できる方法は、目を閉じること。

視覚が遮断されることで、脳内では、それまでに得た情報を整理する「デフォルトモードネットワーク（51ページ）」が起動します。それにより、脳の情報が整理されて大局的な視点になり、「これは違うな」という違和感を感知しやすくなります。

デフォルトモードネットワークは、「まばたき」でも起動することが明らかになっています。

漫画やアニメで、意味のわからないことに遭遇すると、目をパチクリさせる動作をする描写がありますよね。これもデフォルトモードネットワークを起動させて、脳内の情報を整理しているということ（今度そのシーンを見たら、「これはデフォルトモードネットワークだ！」と思ってみてください）。

会話中や作業中に起こるまばたきは、それまでの作業をとらえ直したり、情報をまとめて現在の行動が目的に見合っているかを照合

したりするときに発生していると考えられています。

試しに会話をしながら、自分と相手のまばたきを観察してみてください。話しているときにはまばたきをせずに、文節が区切られたところでまばたきをしているはずです。話している本人だけでなく、聞いている相手も同じタイミングでまばたきをします。

その一瞬で、脳は情報を整理しているんです。

29 地頭がいい人がよく「紙」を使うワケ

「構え効果」が発動していると、**固執している方法自体が目的になってしまう**ことがあります。

冒頭のEさんの例でいえば、「商品を世に出す」ことが目的であるはずです。ところが、愚直に企業をまわるという方法に固執した結果、1社でも多くの企業をまわることが目的になってしまう。そして、結果が出ていないにもかかわらず、なぜか達成感を覚えてしまう。

そう。**手段が目的にすり替わってしまう**のです。

これを防ぐためには、脳内で一度「方法とゴール」を俯瞰してみましょう。

目の前の方法を「小項目」として、その下に「大項目」をつくるイメージでゴールを設定し、全体を眺めるのです。

たとえばこんな感じです。

①方法「資料のスライドをつくる」→ゴール「プロジェクトの可能性を伝える」
②方法「顧客のアンケートを分析する」→ゴール「自分たちが気づけていないニーズを発見する」
③方法「SNSで商品の情報を発信する」→ゴール「高齢者にターゲットを広げたい」

このように、改めて方法とゴールを俯瞰すれば、**「いまの方法がゴール達成に見合わない」**ことにも気づくことができるようになります。

たとえば、①なら「予備知識のない人が多いので、スライドには一目でわかる写真やグラフを入れよう」、②なら「現場の担当者に丁寧に意見を聞いたほうが隠れたニーズを掘り起こせるだろう」、③なら「予算はかかるけど新聞広告のほうが効果的かもしれない」など。

その結果、「構え効果」が解除され、自分の固執に気づくきっかけになります。

あえて「紙」を選ぶメリット

ただし、この過程を邪魔するものがあります。

それが**「ディスプレイ」**です。

実は、ディスプレイよりも紙のほうが全体を俯瞰してイメージしやすいということが、心理学者カウフマン博士とフラナガン博士の実験でわかっています。

たとえば、**「家を掃除する」**という文章を見たとき。

ディスプレイで見た場合は「床に掃除機をかける」という具体的な行動をイメージした一方、紙で見たときは「きれいに見えるようにする」という俯瞰的な行動がイメージされました。

この理由は、ディスプレイで見たときと紙で見たときでは、脳の刺激される部位が異なるためです。

ある研究では、紙の印刷物を見たとき、脳の「前頭前皮質」という部分が強く反応したという結果が報告されています。一方、ディスプレイを見たときは、前頭前皮質はそこまで反応せず、視覚に関わる部位が強く反応したそうです。

脳において前頭前皮質は、とくに情報を理解することや、受け取った情報や思考の整理・判断を担うといわれています。

したがって、これをビジネスや趣味などで応用する場合、

◯具体的で機械的な作業→スマホやパソコン

◯俯瞰的で創造的な作業→紙

と使い分けるのがおすすめです。

思考を整理したいとき、判断が求められるとき、すなわち「構え効果」を解除したいときは、紙で作業するのがベスト。

一手間かかりますが、その効果はバツグンです。

実際、こんな声もよく聞きます。

「周りの要領がいい人は、みんな手書きで作業していますね。うちの会社の仕事が遅い人は、会議中もずっとパソコンを見ているので、私は『顔を上げて話を聞きなさい』といつも言うんです。やっぱりパソコン作業で効率が悪くなることってあるんですね」（40代男性）

紙の作業とディスプレイの作業とでは、アウトプットの質が変わってきます。

パソコンで資料や原稿をつくることが多いと思いますが、一度は紙で出力して確認すると、盲点や違和感に気づくことができます。

30 脳科学から見る「ひらめきのつくり方」

固執を手放し、新たな考えを思いつくことは、すなわち「ひらめき」です。

こんな経験がありませんか？

デスクにかじりついて作業していても、全然いいアイデアが浮かばなかったのに、ランチで外出したら、脈絡なく突然アイデアがひらめいた――。

アイデアがひらめくのは、仮眠で外部からの感覚が遮断されていたり、「内受容感覚」に焦点が当てられていたりするときです。

内受容感覚とは、呼吸や体温、心拍などの生理的な感覚や、心臓、胃、腸など内臓や筋肉の感覚のこと。わかりやすくいうと「体の中の感覚」ですね。

この感覚は、「迷走神経」を介して脳に届けられます。迷走神経は、「ゆったりモード」のときに働く副交感神経の一種。この迷走神経が刺激された結果、余計な力が抜けたり、視野が広くなったりします。

すると、固執した考えから離れることができ、視点を変えることができます。これでひらめきが起こります。

トイレに行ったとき、シャワーを浴びているとき、歯磨きや洗顔中、散歩や食事中、そして昼寝後にアイデアがひらめく背景には、こんな脳のからくりがあったのです。

つまり、**自分でアイデアをひねり出そうとせず、作業を切り上げ、仮眠をとったりシャワーを浴びたりして脳にゆだねるほうが、クリエイティブな発想が出やすくなります。**

164ページでチェックをつけた「生理現象」のように、**自分の集中力が低下したときのサインを見つけてみましょう。**

ほかにも、思考があちこちさまよい始める「マインドワンダリング（100ページ）」や、眼球がキョロキョロ動いて無関係なものが目に入り気になってしまう「マイクロサッケード（自覚しない急速な眼球運動）」も、集中力が低下しているサインです。

サインを受け取ったら、内受容感覚を刺激してみましょう。

内受容感覚は、次の3つの方法で簡単に刺激することができます。

【アイデアがひらめきやすくなる3つの方法】

① 10秒呼吸法

ゆっくり10秒カウントしながら、1から3までで息を吸い、4で止めて、5から10で吐き切ります。するとと次の呼吸で自然に息を吸い込むので、同じスパンで

6回呼吸をします（1分でできます）。

②手足を温める

洗面器などにお湯を入れて、手を温めたり、余裕があるときは足湯をしてみましょう。交感神経活動によって一時的に低下した脳血流量が回復して、脳機能の低下を防ぐことができます。

③ホットアイマスク

作業をし続けると、眼球の焦点を合わせる副交感神経が疲労し、働きが低下します。濡れたタオルをレンジでチンして目に当ててみましょう。副交感神経の活動が回復し、交感神経が抑制されることで、過剰な心拍の上昇が抑えられます。

そのほか、これまでも紹介してきたように、席を立って10秒歩く、トイレに行く、散歩や仮眠をするなども有効です。そうすれば、座っていたときとは違う考えが浮かび、要領よくいいアイデアにたどり着くことができます。

ちなみに、作家の故・松本清張さんは、打ち合わせ中であっても、相手に断って短時間の昼寝をして、スッキリした頭で打ち合わせをしていたことが有名です。集中力が低下しているのに欲張って作業せず、情報の整理は仮眠をして脳にゆだねていたのだと想像したくなりますよね。

彼の小説には、刑事が一人で食事をしながらぼんやりと考えをめぐらせていたら、犯人への決定的な手掛かりがひらめく場面も描かれています。これも、実体験からきている描写なのかもしれません。

10秒呼吸法
手足を温める
ホットアイマスク

31 要領がいい人ほど、「価値」にこだわらない

「私は東京から岩手に移住したのですが、『なぜ移住を決断したのですか？』『なにが変わりましたか？』と聞かれたときの回答を常に考え続けています。

移住をしたのだから自生しているキノコを食べなければならないし、ホオの落ち葉を使ってホオ葉味噌をつくらないといけないし、倒木を組み立ててツリーハウスをつくらなければならない、と思っています。

そしてそれを、『楽しい！』と言わなければなりません。『あなたの決断は正しかったね』と誰かに言ってもらおうとしてしまうんです。

でも、**この〝誰か〟**とはいったい誰なのでしょう？」（40代男性）

この男性、実は過去の私です。

私は7年前に岩手に移住したのですが、当時は**「誰かを納得させられる既成事実をつくるため」**に行動をしたり、あれこれ考えていたり……自分の幸せよりも他者からの評価を重視していました。

私たちは、「生産性のないこと」をして、ムダな時間をすごすことを恐れています。これには「人に評価されること、価値を生み出すことが要領がいいことだ」という**先入観**が影響しています。

流行りの「ファスト教養」が脳にもたらすデメリット

「いまやっていることはムダになっていないか。成長できているか」を常に気にしていませんか?

他人の趣味の話を聞けば、「それはどこが楽しいの?」「やっててよかったと思うことある?」と自分が納得する価値を追求しようとしていませんか?

もし「要領がいい人は、価値のないことはやらない」をいうイメージをもっているのでしたら、そのイメージはいますぐ捨ててください。

私たちが「価値がある」と感じている考え方や行動、もの、ことは、**かなりの割合で「加工」されています。**加工しているのは脳で、私たちはこれを「先入観」として自覚することがあります。

たとえば、ワインが格安のものだったとしても、超高級ワインだと説明されて、ソムリエの方に丁寧にグラスに注いでもらったら、それをおいしいと感じてしまうでしょう。

これは、脳がとっている省エネ戦略の一端です。

すべての感覚をまっさらな状態で感じ取っていたら、あっという間に容量オーバーになってしまう。それを防ぐために、「これからくる感覚はおそらくこんな感じ」という予測を立てておき、実際の感覚を加工しているのです。

一方で、まったく前情報がなく体験した感覚は、加工できません。そのため初めての感覚は、私たちに大きな感動をもたらします。

初めての感覚によって、新しい神経回路が生み出されます。その新しい回路によって、次の予測の種類が増えます。

この本で私が繰り返しお伝えしたように、「脳は常に次の行動を予測」します。その予測をスムーズにすることで、脳の記憶容量を節約できるようになります。

そして、私たちの脳は新しい感覚を得ることによって予測を増やし（＝想像力を高め）、より柔軟に対応できるよう成長していくという側面があるのです。

現代人は、**脳の省エネ戦略が強くなりすぎている**傾向があります。

その一例として、「価値」の話からは少し外れますが、最近「ファスト教養」が話題になっています。深く学ぶのではなく、ざっくりとおおづかみですぐに使える知識を得ることです。

1分で学ぶ動画などを見ることで、「新しい知識・技術を習得した」と感じている人も珍しくありません。

でも、「短時間で要点だけ学べば十分」と考えて行動していると、思わぬ失敗を招くこともあります。


たとえば、プレゼンテーションのノウハウを数分の動画で学習し、そのとおりにやってみるとき。そのノウハウに従って話せば、以前よりもうまく話せた気になるかもしれません。

しかし、先に得たノウハウを使うことで頭がいっぱいになり、その場の聴講者の反応や場の空気を感じられず、聴講者に合わせた話をすることができずに、独りよがりのプレゼンテーションになってしまう。そして、そのことに本人は気がつかない。実際、そんな失敗談を耳にしたことがあります。

タイパ（タイムパフォーマンス）ばかり重視した体験を重ねると、予測できる範囲は狭くなり、他人が用意したゴールへの道筋をなぞるだけの行動をするようになります。

そして、うまくいかなければ、「言われたのと違う」と失敗を誰かのせいにし、達成したところで、なんの感慨も浮かばなくなってしまうのです。

体験が「先」、価値は「後」

とくに近年は、なにをやるにしても、やたらとお金や肩書き、人脈にくっつけたがる思考がいきすぎていないでしょうか。ＳＮＳやＹｏｕＴｕｂｅに投稿するときでも、「ひょっとしたらお金になる、肩書きが手に入る」と考えている人が多いように思います。

しかし、なんでも価値や意味を見いだそうとすると、「他者から認めてもらえる結果や価値観」に無理やり思考を押し込めることになり、体は緊張してこわばります。「構え効果」によってほかの可能性が見えなくなり、自分が本当にやりたかったことを見失ってしまうのです。そう、かつての私のように。

そこで私の場合、患者さんには**「誰にも邪魔されず〝自分だけの時間〟だと思える瞬間と言われて、どんな場面が浮かびますか？」**と聞くことがあります。

先日の患者さんは、こんなことを話してくれました。

「私だと『欲張らないとき』かなと思いました。こないだ旅行に行ったんですけど、知人や友人から、乗馬ができるよとか、アート体験ができるよとかいろんなことを言われて『全部やらなきゃ！』と舞い上がっていたのですが、全部やめてなにもせずに宿にいました。

そうしたらなんかすごく休めたんですよね。いつもなら体験してSNSに投稿してって感じだったんですけど、そもそも休みに行っているわけだし、目的を見失ってたなと気づきました」（50代女性）

あえて価値を見いだそうとせず、なにも考えず体験すると、フィルターが一時的に外れ、脳は再びフラットな視点で価値を見いだします。

この働きにゆだねれば、本当にやりたかったことがすんなりとできるようになります。

利益や結果を考えず、ただその作業を楽しむ習慣を身につけましょう。「体験が先、価値は後」です。

ある患者さんは、休日には登山に行くと言っていました。

「『アウトドアが好きなんだ』とか『活動的だね』とか言われるんですけど、全然そんなことなくて。登山がうまいわけでもないし、ただ足を動かして登っているだけ。意味もないし、いい結果も求めていない。でも、気持ちが自由になっていいです」

価値から離れて自由になれば、あなたの脳は、あなたの原動力となる価値を見つけます！

第7章

身近にいる「要領が悪い人」との付き合い方

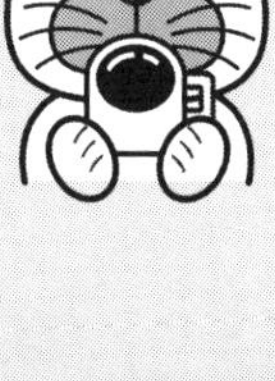

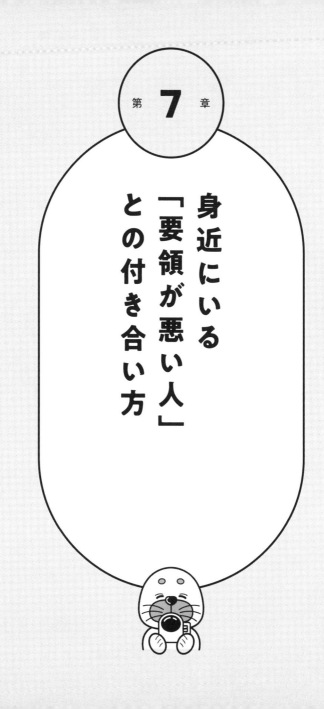

【とある会社Aのオフィスにて】

上司「明日の会議の資料、もうできた？」
部下「すみません、あと少しなんですが……」
上司「見せて。あれ？　議題は『わが社のホームページのリニューアル』だよね？　なんで『SNSを駆使したマーケティング戦略』になってるの？」
部下「やっぱりウェブを使うなら、絶対にいまはSNSなんですよね！」
上司「なるほど……。イラストや写真が多いけど、説明が足りなくないかな」
部下「ここはビジュアル的なインパクトでガツンと届けることが大切なんです」
上司「……あれ？　この参考資料って、ただの個人ブログじゃない？」
部下「適した資料がなかったんですよね。でも、SNSが重要だってことはいろんなサイトでも言われていますし。あとは熱意でカバーしますよ！」
上司「とにかく、ホームページのリニューアルの方向で資料をつくって。そのうえでSNSだ。説明を足して参考資料も用意！　はあ、間に合うのかな……」

【とある会社Bのオフィスにて】

上司「明日の会議の資料、もうできた？」

部下「すみません、あと少しなんですが……」

上司「見せて。うわっ、分厚い！　なんページあるの⁉」

部下「章ごとに順番に説明していくと、これくらいは必要です」

上司「なるほど……。あれ？　後半、まるまる白紙だよ」

部下「そこに入れたい資料を持っている同僚が、今日は休みなんです」

上司「だったらその部分だけ空白にして、後から入れよう。どんどん進めないと」

部下「実は、『雨の日は売り上げが落ちる』というデータが見つからなくて」

上司「それはみんな、経験で知ってるよ。探す時間がもったいない」

部下「あと、書体や文字の大きさをそろえて、見出しの色も変えないとですね」

上司「体裁を整えるのは後！　まず要点を絞り込んでこの半分の量にして。これ全部説明したら、何時間もかかっちゃうよ。はぁ、間に合うのかな……」

この章では、自分ではなく、相手に対して「要領がよくないな」と感じたときの対策についてお伝えします。

仕事でもプライベートでも、私たちは多くの人たちと関わり合いながら生きています。そのなかには、「要領が悪いなぁ」と感じる人もいますよね。

同じミスを繰り返す同僚や部下、指示の意図がわかりづらい上司、何度もレジ打ちを間違えるコンビニの店員……。

そのたびに、イライラしたり、「まぁしょうがない」とあきらめたり、時には、つい「ここはこうやって改善すべきだよ」を口に出してしまうことも。

ぱっと思いつくだけでも、次ページの表の誰か、あるいは複数の人があなたにとって「要領が悪い人」かもしれません（右列から「仕事」「プライベート」「生活関連」の順にしています）。

質問

この表の中で、「この人、要領が悪いな」と思ったことのある人はいますか？

上司	友人	店員
部下	恋人	銀行・公的機関の窓口
同僚	夫・妻	営業担当者
社長	親	学校の先生
取引先	子ども	コールセンター
お客さま	親戚	医師

相手の要領がよくないと感じる最大の理由は、自分のやり方、考え方、話し方に「型」があり、その型に固執していること。

冒頭の「とある会社AとB」の部下は、ともに次ページで紹介する2つの「型」を象徴する事例です。

あなたが普段、無意識に使っている「型」を知り、その「型」を思い切って手放してみると、人との付き合い方の幅が広がります。人間関係のストレスも大きく減るはずです。

まずは「型」とはなんなのか、具体的に見ていきましょう！

32 あなたの「情報処理タイプ」はどっち？

脳には、その情報処理の仕方に「同時系」「継次系」という大きく2つの種類があります。私たちは、両方の処理系統を使っているのですが、**どちらかに偏りがあり、それが「型」となって表れます。**

2つの処理系統を知ることで、自分の処理系統がすべてではなく、それが優れているわけでもないことに気づけます。さらに、自分のスタイルを手放して、自分が好まない処理系統、苦手とする処理系統を使ってみれば、新たな発見があり、「要領が悪い人」に対する接し方、取り組み方の幅が広がります。

まずは、あなたの「型」をチェックしてみましょう。

次の7つの設問のうち、AとBどちらの数が多いでしょうか？

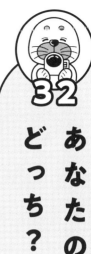

AとB、どちらの数が多いですか？

Q1 初めての場所に行くならどうしますか？

A とりあえず行ってみる | **B** 万全に下調べをする

Q2 なにか面白いことがあったらどう話しますか？

A 面白かったことから話す | **B** 出来事の順番どおり話す

Q3 気になった本はどう読みますか？

A パラパラめくって面白そうなところから読む | **B** 最初から読む

Q4 イベント係をするときはどう取り組みますか？

A 面白いアイデアを出す | **B** やるべきことを書き出す

Q5 趣味の道具を買うときの選ぶポイントはなんですか？

A 見た目 | **B** 機能性

Q6 お菓子を買って開けるときはどう開けますか？

A とりあえず開ける | **B** 「開け口」という表示を見て手順どおり開ける

Q7 みんなでゲームをやるとして、どんな仕切り方をしますか？

A まず盛り上げる | **B** 目的や順番、それぞれの役割を決める

【Ａが多かった人】

「同時系」という処理系統が優位に使われています。

同時系が優位な人の脳の中では、頭頂葉（空間イメージ）、後頭葉（視覚イメージ）という領域が頻繁に使用されます。

この場合、**まず完成イメージがビジュアルでぱっと浮かび、それに向かって進みながら考える戦略**を得意とします。

そして、イメージが別のイメージと合わせられたり、別の情報でイメージが飾りつけられたりするので、情報の関連づけが得意です。

冒頭の例でいえば、**とある会社Ａの部下が同時系**です。

【Ｂが多かった人】

「継次系」という処理系統が優位に使われています。

継次系が優位な人の脳の中では、側頭葉（記憶の貯蔵）という領域が頻繁に使用されます。

この場合、**やるべき課題を網羅して、その順序や前後関係を整理して進める戦略**を得意とします。

冒頭の例でいえば、**とある会社Bの部下**が継次系です。

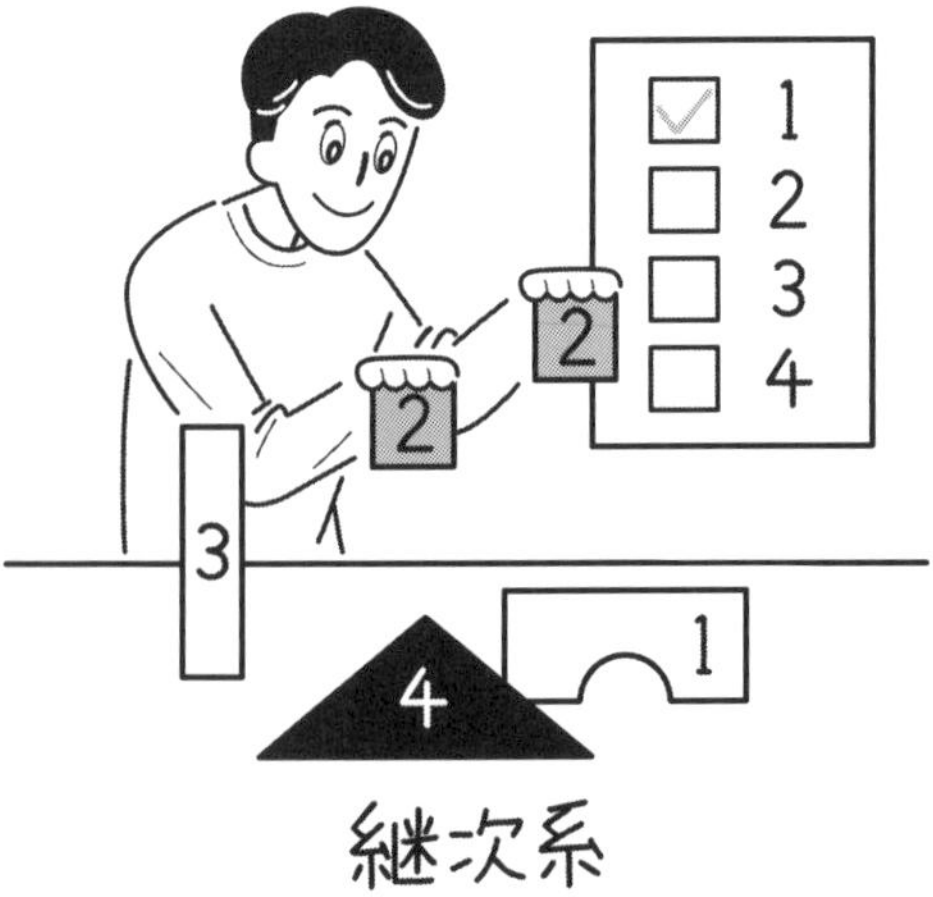

33

「日常のシーン」で2タイプの傾向を見てみよう！

脳の処理系統は、日常の些細な場面に表れます。

●付箋の貼り方

「同時系」の人は、**目についた文章や気に入ったフレーズにいろんな色の付箋をランダムで貼ります。**

面白かった本は付箋だらけになりますが、見返すときは付箋を目印には使わず、パラパラめくったりします。

「それだと付箋の意味がないのでは？」と思うかもしれませんが、ページを開いた状態で付箋を取り出して目的の箇所に貼る、という自分の動作を映像で記憶しているので、目的の文章を思い出すことができます。

一方で「継次系」の人は、**見出しをつけるように付箋を貼ります。**色に統一性をもたせたり、章の冒頭に貼ったりして、見直すときは付箋を頼りにページをめくります。

●メモのとり方

「同時系」の人は、**罫線は無視して自由にメモします。**資料の空いているところにメモをしたり、関係図を描いたりすることも多いです。「他人が見るとわかりにくいけれど、自分にはわかりやすい」という感じですね。

「継次系」の人は、**罫線どおりにメモします。**箇条書きにしたり、ノートを分割して使ったりすることもあり、他人が見てもわかりやすいのが特徴です。

●ノートのとり方

「同時系」の人のノートは、**結論や重要な点が枠で囲んであったり、大きく目立つように記載してあったりします。**

ぱっと見て本人がなにを得たのかがわかりやすいですが、情報は要約されているため、書かれていないこともあれば、関係ないことが書かれていることもあります。これを継次系の人が見ると、「情報が抜け落ちていて、なぜそこに行きついたのかという根拠が弱い。結局、後で調べなければならないので要領が悪い」と感じます。

「継次系」の人のノートは、**「順番どおり」「事実のとおり」に記載されています。**情報がくまなく網羅されているのですが、どこが重要か、なにが結論か、というハイライトが付けてあるわけではありません。

そのため同時系の人が見ると、「要点が絞れておらず、ただ書いてあるだけで要領が悪い」と感じます。

このように要領がいいやり方は、自分の情報処理系統によって決まるのです。なお、要領がよくなるノート・メモ術は第8章で紹介しています。あわせて参考にしてください。

あなたにとって効率的な「食器洗い」はどっち？

「洗い物をこまめに洗えば、まとめてやる必要がなくなるからいいという情報がありますよね。でも、まとめて洗ったほうが効率的という情報もあって、どちらが正解なのか判断できません」（30代女性）

こんな相談をいただくことがあります。ネットでやり方を調べて複数ヒットすると、どれを選んでいいのかわからなくなることがありますね。

そんなときは、脳の処理系統に従って選択してみましょう。

この相談の「こまめに」や「まとめて」を、もう少し具体的にしてみます。

「同時系の人」は、ビジュアル化することが得意で、関連づけもビジュアルで行うため、

・流し台を占領してしまう大きな物（鍋のふたや大皿など）をまとめて洗い、拭いて棚にしまってから、小皿などの小さな洗い物に取りかかる

・流し台や水切りかごに十分なスペースをつくって作業しやすい環境にすることを優先する

このように、**大きさや空間をうまく利用する方法が適しています。**

「継次系の人」は、順序だてが得意なので、

・まず洗う工程をすべて完結させる。皿、コップ、箸など種類順に洗っていく

・「拭く工程、棚にしまう工程」という工程順に片づけていく
・棚にしまうときも一度ですませ、いったり来たりする必要をなくす
このように、**工程に合わせて作業して二度手間を省く方法が適しています。**

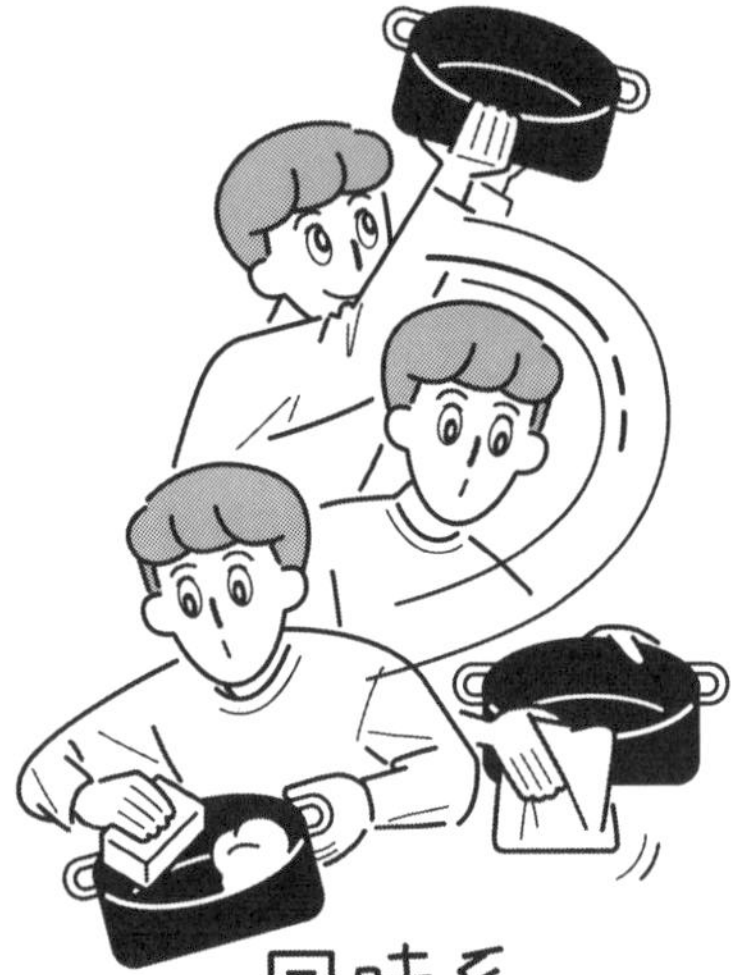

34 「自分とは違うタイプの戦略」をあえて試す

ただ、**自分が得意な系統だからといって、いつもその方法でうまくいくとは限らないので注意しましょう。**

「同時系」の人は、「これもついでにやっちゃおう」となんでも関連づけようと盛り上がってしまい、実際の作業が複雑になってしまうことも。

そんなときは、「継次系」の、ジャンル分けをして1つずつ区切る戦略が突破口になります。

たとえば、プレゼン資料をつくっているとき。

イラストを使おうと調べていたら、「同じようにイラストを使用する別の資料も一緒につくっちゃおう！」と思いついて、複数のイラストを探し出す。その結果、時間ばかりかかって目的のプレゼン資料が仕上がらなかった……。

これを、資料をつくるなら1つずつ、順番に仕上げていくという戦略にすれば要領がよくなります。

「継次系」の人は、正確に順序立てしようとするあまり、「やることが多すぎて、なにから手をつけていいかわからない」と行き詰まってしまうことがあります。

そんなときは、「同時系」の、まず作業に手をつけてしまう戦略が解決の糸口になります。

たとえば、イベントの準備をしているとき。

必要な物品リストをつくり、くまなく情報を集めようと各メーカーの比較をしたり、値段の吟味をしたりしていたら時間がかかりすぎて、内容や段取りを決める作業ができていない。

これを、「ひとまず仮定した物品で次の工程に進んでしまい、イベント終了までをシミュレーションする」という戦略をとれば、要領がよくなります。

「同時系の人なら継次系のやり方」を、「継次系の人なら同時系のやり方」を適度に取り入れて欠点を補完すると、より要領がよくなるはずです。

35 要領がいい人が実践している「コミュニケーション」の基本

ここまで読んでいただくと、家族や友人、職場の人間関係であれば、「この人は同時系（継次系）だ」と思い浮かべられるのではないでしょうか。慣れてくれば、219ページで出た「生活関連」の人たちも分類できるようになるはずです。

ここからは、**この分類をコミュニケーションで応用する方法**をお伝えします。

まずは、すぐにできる質問の仕方です。

「同時系」の人だと、「継次系」の人に「どう思う?」と聞いて、相手の回答がすぐに返ってこないことにいら立った経験があると思います。

「継次系」の人は、「同時系」の人に「○と△とどっちにする？」と聞いて、○でも△でもない話をされていら立った経験があると思います。

「同時系」の人は、情報を関連づけて発展させていくので、質問するときには、**決まった選択肢のない質問である「オープンクエスチョン」が向いています。**

「○○についてどう思う？」「なにが好き？」と、選択肢を設けずに聞いてみましょう。

「継次系」の人は、情報の関係性を整理していくので、**質問するときには、選択式の質問である「クローズドクエスチョン」が向いています。**

「○って△かな、それとも□かな？　どっちだと思う？」「○と△ならどっちがやりやすい？」と、選択肢を設けて聞いてみましょう。

全体に伝えるときもメッセージを使い分ける

先日、研修を担当した企業でこんなことがありました。

この企業では、仕事がリモートワークになったことで、「上司や先輩に相談ができない」という社員の悩みが多く聞かれていました。その対策として、上司に相談できる専用の時間枠をつくることに。そこで、アナウンスの仕方に少し工夫をしてもらいました。

この企業では、企画立案や営業といった比較的「同時系」の人が多い部門と、経理や制作といった「継次系」の人が多い部門がありました。

そこで、それぞれに合わせてアナウンスを出してもらいました。

アナウンスをざっくりと分けると、要素は次の3つになります。

◯経緯……「上司に相談できないという悩みが聞かれている」
◯結論……「上司と相談できる専用の時間枠を設ける」
◯メッセージ……「ぜひ、利用してほしい」「悩みの解決になる対策をしたい」

この3つを「同時系」「継次系」に合わせて組んでみると、どんな順番になるでしょうか。

【同時系が多いチームへの伝え方】

①結論「これから上司と相談できる専用の時間枠を設けることにしました」
②経緯「最近、上司に相談する時間がなく困っているという相談が寄せられています」
③メッセージ「みなさん、ぜひ利用してみてください」

→「同時系」が多いチームの場合、最初に実行している場面をイメージするので、結論から伝えます。次はその補足情報である経緯を、最後は実行するモチベーションを高めるためのメッセージを伝えます。

【継次系が多いチームへの伝え方】

① 経緯「最近、上司に相談する時間がなく困っているという相談が寄せられています」

② メッセージ「私どもとしては、この悩みの解決になる対策をしたいと思っています」

③ 結論「そこで、これから上司と相談できる専用の時間枠を設けることにしました」

→「継次系」が多いチームの場合、まず因果関係を整理しようとするので、最初に経緯を伝えます。次は、安心感を与えるためのメッセージ（意思表示）を伝え、最後に結論です。

さらに、この例から、**相手のタイプに合わせた要領がいいプレゼン**

テーションの順番が見えてきます。

「同時系」の人は、結論とメッセージを重視して、なぜそうなったかという経緯の理解がおろそかになりがちです。

「継次系」の人は、経緯の説明を理解してから結論を読み解きますが、メッセージには注意が向かなくなりがちです。

そこで今回の例のように、**伝えたい相手の「型」に合わせて、足りない部分を間に挟むようにすると、伝わりやすくなります。**資料づくりやプレゼンテーションで実践してみてください！

こんなときどうする？ 相手・シーン別 要領がいい人の伝え方

本章の最後に、「同時系」と「継次系」の分類を生かした「相手・シーン別の伝え方」を紹介します。「こんなときはどうすればいいの？」と困ったときは、ぜひ参考にしてください。

1 部下が締め切りを守らない

▼▼ 部下が同時系なら……

締め切りよりは「面白さ」「斬新さ」などの新奇性を優先しているので、それが浮かばないうちは提出することができない、と考えています。

ただ、完璧に仕上げなければいけないとは考えていないので、**「6、7割できた段階で確認させて」**と言っておけば、途中で提出することに抵抗はないはずです。

▼部下が継次系なら……

完璧に仕上げられていないと提出できない、と考えています。

ただ、「完璧さ」が目的からずれていることがあり、ずれた部分にこだわって締め切りに間に合わないことが多いです。

こだわっている部分は、形式や体裁であることが多いので、**どんな形式でほしいのかというサンプルを見せておけば、**このズレは回避できます。

2 上司の仕事の進め方が明らかに非効率

例：企画書を出すたびに違う箇所を指摘してきて、一向に前に進まない

▼上司が同時系なら……

ゴールのイメージが変わりやすいため、言われたとおりに作業していると、提出するときに求められていることが変わることが多いです。**作業をする前に、最初に設定したゴールを再確認するようにしましょう。**

▼上司が継次系なら……

段取りや決済ルート、資料の形式に間違いがないことが最重要です。トラブルなく進行することが最も優先されるため、新しいアイデアは求められていません。ただ、新しいアイデアを1つならば受け入れられることが多いので、**決裁ルートや形式を変えずに、1つだけ提案するようにしてみましょう。**

3 部下から会社を辞めたいとの相談

▼部下が同時系なら……

「もっと面白いことがやりたい！」といまの仕事への不満を相談されることがあります。しかし、常に新しいことを求めているので、これまでどんなチャレンジをしたのかを振り返ることができていないことも多いです。**どんなことをやってきて、なにを身につけてきたのかを一緒に振り返ってみましょう。**

すると、やってきたことのなかで、やりたいと思っていることにすでに手がつけられていたり、チャレンジしていたことに気づけたりする可能性があります。

そのうえで、**いまの仕事でもさらにチャレンジできることがあるとわかれば、思考が整理されてまたやる気になってくれるかもしれません。**

▼部下が継次系なら……

「忙しすぎて仕事が回らない」と相談されることがあります。この場合、「やるべきことはすべて完璧にやらなければならない」と考えているので、手を抜くことができず、仕事量が多すぎると感じてしまっています。

仕事のなかで、「これさえできれば、後のことはできていなくても困らない」という指標を見つけることが苦手なので、これを一緒に探してみましょう。

その作業に優先して取り組むようにすれば、混乱することが減り、「1つずつ確実に仕事をする」という特性を生かすことができます。

4 チームマネジメントを任された

▼同時系のメンバーに対して……

新奇性の高いアイデアを出しますが、現実的に不可能なアイデアも多いです。本人は、「起爆剤が必要！」と感情を喚起させるようなことを考えていますが、周りから浮いてしまうことも。そんなときは、周りの反応のにぶさに対して、「やる気がない」と不満をもっていることが多いです。

ひらめきで話すことも多いため、アイデアの根拠を問うと、あなたへの不信感を高めてしまいます。

「これはどうなっているの？」「こんな場合はどうするの？」という足りないことの指摘は「批判されている」と受け取られることが多いのです。

ビジネスフレームワークとして「ブレインストーミング（集団発想法）」を使うのが得意なので、アイデア出しの段階で活躍できるようにすると、お互いの不信感を減らすことができます。

▼▼ 継次系のメンバーに対しては……

情報を集めてから思考するため、会議では黙っていることがよくあります。周りのメンバーがアイデアを出して盛り上がっているときに、現実的に無理な点や注意事項について考えているので、「これをやるうえで注意すべきことはどんなことだと思う？」とアドバイスを受けるように話を振ってみると、的確に回答してくれます。

話が振られないと、「非現実的な人たちだ」と不信感をもったり、「自分はいてもいなくても同じ」と自己否定感を強めたりしてしまうことも。

チェック係や点検係など、正確に進めるために重要な役割をもたせると、ほかのメンバーのアイデアを実現させることができます。

5 会議を円滑に回したい

▼相手が同時系なら……

会議をするときに、突飛なアイデアを出したり、これまで前例がないことを根回しなしで実行したりしようとすることがあります。アイデアを否定されると固執してしまうかもしれません。

そこで、**アイデアそのものより、「どんなふうに進行させたいのか」という思いを聞いてみましょう。**

思いを共有したうえで、前例から1つやり方を変えてみたり、新しいことをやってみたりすると、コミュニケーションがうまくいきます。

▼相手が継次系なら……

前例にないことはしないため、形式的で熱意がないように感じられるかもしれません。問題が起こったときへの対応を心配していることが多いので、新しい取り組みをするときには、**トラブルへの対応方法を決めておくと安心して実行することができます。**行事は面白かったことより、予定どおり進められたことに満足します。

6 取引先や部下からプレゼンを受けるとき

▼相手が同時系なら……

最初に結論から入ることが多いです。

その根拠となる資料が不足していることが多いですが、それを指摘すると、根拠もなくその結論が正しいと決めつけたり、ひたすら熱意を伝えられたりするなど的が外れてしまうことがあります。**結論は否定せずに、なぜそう思うのかを聞いたり、これまでその結論でうまくいった例の紹介をして**

もらったりすると、効率的に説明を聞くことができます。

▼相手が継次系なら……

プレゼンを受けるときは、最初は経緯の説明が続きます。すでに知っていることを延々と説明されるので飽きてしまうかもしれません。しかし結論を急ぐと、はっきりした答えが得られなくなってしまいます。

客観的な視点のプレゼンになりがちなので、「あなたの考えは？」と個人的な考えを聞いてみると、結論に至る説明を聞くことができます。

7 夫婦や恋人関係をよくしたい

▼相手が同時系なら……

家事をするときに、あれもこれもやろうとするわりには、細かい部分が詰められていないことがあります。新しいやり方を習得することが好きなので、**「こうするとうまくできるよ」と声をかけると、あなたのやり方もうまく取り入れてくれます。**

▼相手が継次系なら……

やるべきことを挙げるわりに、実際には手をつけられないことが多いです。こうあるべきという姿になれないいら立ちを感じていることが多いので、**「これができたね」と声をかけると、実際にやっていることに注意が向き、自分を認められる手掛かりになります。**

▼相手が同時系なら……

基礎問題や繰り返し問題を解くことを嫌う傾向があります。本人は、「原理が理解できていれば、繰り返し行う意味はない」と考えていることが多いです。

形式的に繰り返し学習をさせるのではなく、応用問題を用意して、原理がいろんな形で使えることを学習させていくと、やる気になることがあります。

▼相手が継次系なら……

最初に結論を伝えたり、話が飛んだり、重要でないことを省いたりすることを嫌う傾向があります。教科書に忠実に授業をするほうが本人はわかりやすいことも。また、面白さよりもわかりやすさのほうが満足することもあります。

わからない問題を解くより、確実に解ける問題のなかで難易度を上げていくとやる気が持続しやすいです。

9 学校や予備校で授業を受けるとき

▼ 先生（講師）が同時系なら……

資料の文字数が少なく、イラストや写真が多用されがちです。**資料にない話をすることも多いので、重要な話はメモをとっておく必要があります。**

資料は系統だっていないこともあるので、ノートを別に用意して、ナンバリングしていくなど自分で系統をつくっていくとよいでしょう。

▼ 先生（講師）が継次系なら……

資料の文字数が多く、話す内容がすべて記載されていることが多いです。資料を読んでいるような講義になることもあります。必要なことはすべて記載されていて、大項目、中項目、小項目と整理されているので、講義後も見返すことができます。

どこが重要な点かは自分でマーカーを引くなどして、ハイライトをつくるとよいでしょう。

第8章

仕事、勉強、趣味、自己啓発……
使えるシーンがたくさん！

要領がいい人になる「ノート・メモ術」

37 ノートやメモは「紙」がいい これだけの理由

この本の制作にあたり、事前に１００名からとった「要領のよさ」アンケートで、予想外に多かったのが「ノート・メモに関する失敗談」。

たとえば、次のような例です。

○ ノートをきれいに書くことが目的になってしまい、ほとんど見返すことなく、結局、教科書を丸暗記していた

○ 打ち合わせ中にとにかくメモしていたら文字だらけになり、「なにが重要なのか」がわからないノートになってしまった

○ そもそもノートに書いたことを忘れていた。後から「なんだ、こんなところに書

いてあったじゃん……」

要領のよさを左右する、ノート・メモ術。

ここでぜひ、今日から使えるノウハウを身につけておきましょう！

……と、その前に改めてお伝えしたいことがあります。

それは**「紙に書くことの重要性」**です。

196ページで「紙に書かれた文字とデジタルで書かれた文字とでは、脳内の反応する部位が異なるため、創造的な作業をするときは『紙』を使いましょう」という話をしましたね。

そこからもう一歩踏み込んでお伝えすると、**紙に文字を書くことで、そのときの出来事を「物語」として記憶しやすくなります**(これを「エピソード記憶」といいます）。

たとえば、「2月のスケジュール」という文字を紙に書いて読むと、節分や雪、寒さ、年度予算の消化方法、本年度の締めくくりなど2月と関連するものが過去に体験した記憶とともに連想されやすくなります。

一方で、デジタルに入力した「2月のスケジュール」という文字を読むと、それはただのアイコンのようなもので、紙ほど記憶の関連づけは行われません。「この後、実際にスケジュールが書いてあるんだろうな」と感じる程度です。

これは「旅行の記録」をイメージしてもらうと、よりわかりやすいと思います。旅日記をつけたことがある人は、日記を読み返したときに「あのとき、面白い人に会ったな」「あのラーメン、おいしかったな」といった感じで、そのときの情景を鮮明に思い出せた経験が多いのではないでしょうか。

「エピソード記憶」として覚えることで、丸暗記の「単純記憶」よりも忘れにくくなります。

たとえば、人と会話をしたエピソード記憶では、そのときの相手の笑顔を見てうれしい感情を体験したり、その人の行動を観察したり性格を推察したり……実にさまざまな感覚、感情、思考がほかの記憶と結びついて記憶されます。こうした結びつきが多彩であるほど、思い出すときの手掛かりも豊富になり、忘れにくくなるのです。

最近は、スマートフォンやタブレットなどをノート代わりに使っている人も多いですが、紙は思考を整理したいとき、判断が求められるときはもちろん、**特に「忘れっぽい」人にはおすすめです！**

38 忘れにくくなる「自分の言葉」変換術

前項では、紙に書くことで記憶に定着しやすくなることをお話ししましたが、さらに忘れにくくする方法を4つ紹介しましょう！

1 「自分の言葉」に直して書く

講師の発言に対して「手書きでメモ」と「パソコンでメモ」した場合の比較実験では、明らかな違いが確認されています。

手書きの場合は、講師の発言とは異なる「自分の言葉」でメモされました。一方でパソコンの場合は、セリフどおりにメモされました。

これは、**タイピング作業による脳への負担が大きく、言葉を変換している余裕がないから**だと考えられています。

一見、パソコンでタイピングするほうが脳への負担が少なそうに感じるかもしれません。しかし実験をしてみると、手書きでメモをしながらの雑談はできますが、タイピングをしながらの雑談はかなり難しく、しゃべろうとするとタイピングの手が止まってしまいます。タイピング作業は、実は紙に書くよりも脳への負担が大きいのです。

そして、**「自分の言葉」に変換するほうが記憶に残りやすく、その後のテストの成績がよくなる、**という実験結果もあります。

この実験では、教科書を熟読しただけのグループよりも、その内容について自由作文を書いたグループのほうがテストの結果が高得点になっています。

「インプットよりアウトプットのほうが記憶に残りやすい」という点と、「自分の言葉に変換したことで、エピソード記憶化された」という点が要因だと考えられています。

「自分の言葉に変換する」と聞いて、難しく感じた人もいるかもしれませんが、とても簡単です。例を1つ紹介しましょう。

健康経営のセミナーを聴いているなかで、講師が「日本では1980年代から高齢化が始まり、2000年から働く人口が減っています。2020年には65歳以上は全体の30%になりました。これからの企業は従業員の健康寿命を延ばし、長く働ける環境をつくることが必要です」と話していたとします。

このとき、「高齢化は80年代から。働く人口が減っているので個々の働き手としての寿命を延ばす秘策を考える」というように、**話した内容をそのまま書くのではなく、要約してメモをする。**これを意識するだけで、自然と「自分の言葉」で表現でき、記憶に残りやすくなります。

2 「頭の中のつぶやきごと」を書く

「自分の言葉」でメモするときは、**「独り言（モノローグ）」もメモしておきましょう。**「やっぱりここ重要」「これも忘れそうー」と感じたことを書き込んでおくのです。

すると、そう感じたときの心理状態も記憶に付与されるため、エピソード記憶化させ、その情報をより忘れにくくなります（これは前項と同じ仕組みですね）。

3 「記憶に残るタイトル」を付ける

ノートやメモを書くとき、後から見たときになんの情報なのかを瞬時にわかるようにするため、ページの最初にタイトルを入れている人は多いと思います。

このタイトルも、「自分の言葉」にするのがおすすめ。

たとえば、「データサイエンスの基礎」について勉強するときは、そのままのタイトルより、自分でつけたタイトルのほうがエピソード記憶化されやすくなります。「データオタク入門」「もう、その根拠は？と言わせない！」というイメージです。会議のメモなら「みんなで新商品を届けるぞ！会議」のようにすると、書くのが楽しくなり、より強いエピソード記憶になりそうですね。

4 ページの隅に「保留箱」欄をつくる

これは大きめのノートを使っている人に有効な方法です。

すぐ必要でない情報やなんとなく書いておきたいことが頭に浮かんだら、ページの隅に「保留箱」のスペースを用意して書き入れましょう。これだけで、ノートに書く情報がスッキリと整理されます。

保留箱
・白くまは、みんな左利き
・世界で最も多い名前は「ムハンマド」

ノートという空間の中で、手を「保留箱」まで移動して書く動作は、「保留箱までテクテク歩いて情報を置いた」というエピソードになって脳に残ります。そのおかげで、その情報がふいに必要になったときも、**脳が自動的に「あの情報は保留箱に入れたな！」と反応して探し出してくれます。**

あれこれ書きすぎて、後から見返したら「なんじゃこりゃ……」。

そんな経験がある人にもおすすめの方法です！

39 思わず見返したくなる「視覚化」ノート術

ノートに文字がびっしりで、後で見返す気にならない……。
そんな人におすすめのノート・メモ術を2つ紹介しましょう！

1 キーワードは擬人化・キャラ化する

手っ取り早くエピソード記憶化できるのが、**「情報の擬人化」**です。

たとえば、糖質、脂質、たんぱく質の特徴を覚えるならば、それぞれを人の性格になぞらえて「すぐに熱くなって飽きやすい糖質くん」「やる気になるのは遅いけど、やり始めたら長続きする脂質さん」「脂質さんをやる気にさせるたんぱく質ちゃん」といった感じです。

絵を描くのが好きならば、キャラクターにしてしまうのも効果的です。その情報の性質だけでなく、情報同士の関係性や一連の情報をエピソード記憶化することができます。

イラストを描き込むことで忘れにくくなることも、研究で明らかになっています。**絵が苦手でも、簡単なマークや表情を表すアイコンをつけておくだけで、情報に「エピソード」を付与することができます。**

2 思考ツールを使い、情報をつなげる

キャンディーチャート、バタフライチャート、フィッシュボーンなど、情報を視覚的にまとめるのに有効とされる思考ツールを積極的に活用するのもおすすめです。

情報の関連づけをするには、線で結んだり、○で囲むなど図式化したりするの

が効果的。**情報を図式化した「コンセプトマップ」ができたら、「それがなにに見えるか」を自分なりに考え、それを書き足してみましょう。**

アメ、魚、フルーツ……自分のイメージを書き込めば、それに関連したエピソードが脳内でつながり、より記憶に定着しやすくなります。

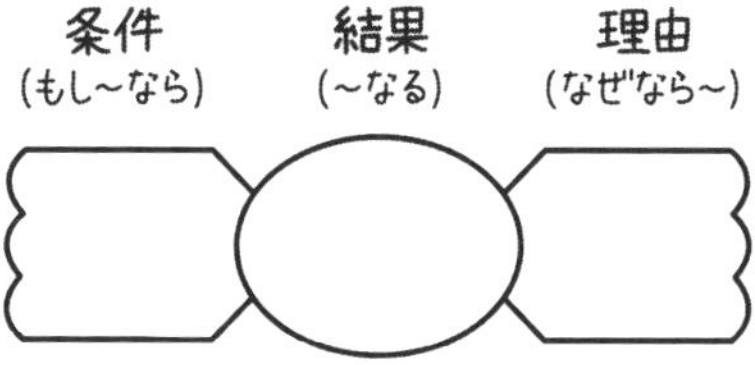

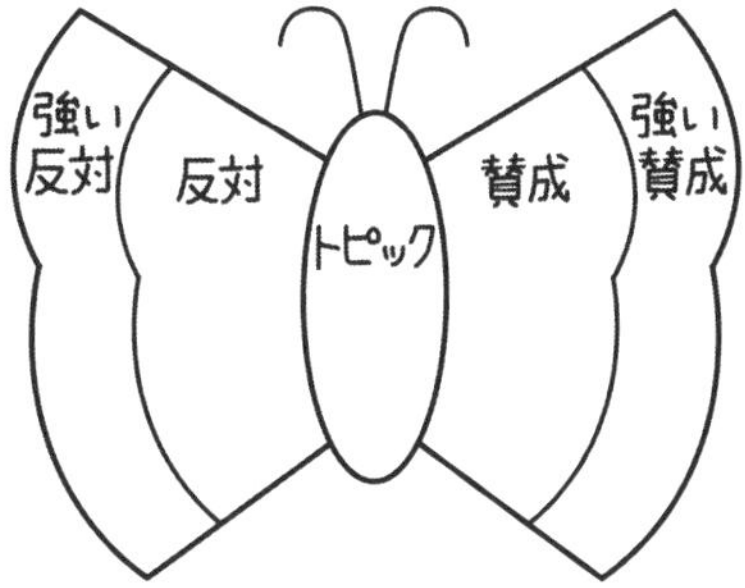

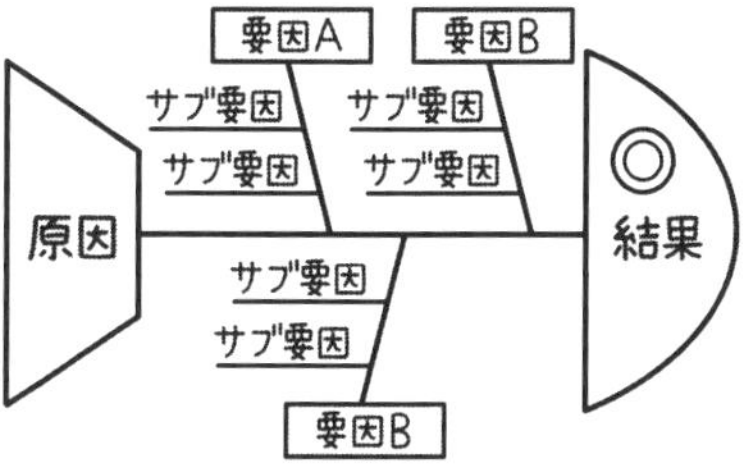

40 「同時系」と「継次系」のノート・メモ術

第7章で、「脳には、その情報処理の仕方に【同時系】【継次系】という大きく2つの種類がある」ことを解説しました。ここでは、「同時系」「継次系」それぞれに対し、おすすめのノート・メモ術を紹介します。

「同時系の人」

視覚化が得意な同時系は、見た目に差をつけて記憶に残しましょう。

1 「ペン色」を使い分ける

典型的な例が、色分けです。「重要なことは赤色」などと必ずしも決める必要はなく、そのときの気分で色を選んでみましょう。

同時系の人は、自分の感覚や気分が視覚化されているほうが記憶に残りやすいです。

2 「文字の大きさ」と「距離」に意味をつける

重要なことを大きく、関連があることを近くに書いてみると、空間的に情報の関係性を理解することができ、記憶に残りやすくなります。

3 思いつくままに、ただ書き出す

考えを整理したいときやアイデアをまとめたいときも、ノートは有効です。そんなときは、無理にジャンルやカテゴリー分けしようとせずに、思いつくままに言葉を書き出してみましょう。

同時系の人は「連想」が得意なので、ただ書き出しているだけなのに、書いた言葉から連想がなされ、自然に思考の道筋がノートに反映されます。

たとえば、今年やりたいことを書き出してみたとします。「美術館に30回行く」「映画を50本観る」「本棚をつくる」「ガーデニングをする」「おしゃれな皿を買う」などと書いた後に全体を眺めてみると、「センスを磨く」「心地よい空間」といった、自分がやりたいことに共通するテーマに気づくことができます。

「継次系の人」

順序立てが得意な継次系の人は、情報に時系列や因果関係をつけて記憶に残しましょう。

1 書く順番を決めて思考を整理する

継次系の人は「情報の順序立て」が得意なので、事象と原因、仮説と結果などを「左から右」「上から下」という位置関係を意識して書くことで、思い出すときもその順番で情報をたどっていくことができます。

たとえば、薬品とその原料、作用のメモをするとして、「左に原料」「真ん中に薬品名」「右に作用」というように欄を分割して書き入れていくことで、より思考が整理され、忘れにくくなります。

2 端にあらかじめナンバーを振っておく

情報を順序立てる際、ページ数を振ったり、単元や内容ごとにナンバリングしたりすれば、その数字の順番をもとに思い出すことができます。

たとえば、大項目をⅠ、Ⅱ、Ⅲ、Ⅳという「ローマ数字」、中項目を通常私たちが使っている「アラビア数字」、小項目を「横カッコ」というように、表記を決めてノートをとります。

このように数字を振っていくことで、教科書のようにわかりやすくまとめることができ、順序がより記憶に残りやすくなります。

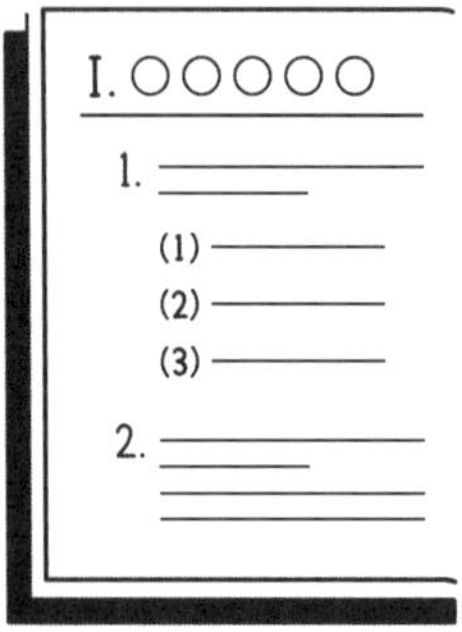

3 最初のページにゴールを書くと迷わない

継次系の人は、目の前のことを正確に行うのを重視しがちなので、それが行きすぎると、そもそもの目的を見失ってしまうことがあります。

「なぜ、それを学習しているのか」というゴールを最初のページや単元の最初に書いておく「なにに使うからメモをとっている**のか」**ことで、ゴールに向かって情報を整理していくことができます。

おわりに

最後までお読みいただき、ありがとうございました。
あなたに合った「要領がいい人になるコツ」はありましたでしょうか？

私はいま、作業療法士として、企業で働く人たちの行動変容を促すことに取り組んでいます。

自らの脳や体の仕組みに関心をもち、その力を上手に引き出す面白さを感じることが、行動変容のカギ。国立病院機構で脳のリハビリテーションに従事した経験も含め、これまでの活動から、そう確信をもつようになりました。

自らの脳の仕組みを知って使い方を変えることは、新たな感覚を得る体験です。
そして、より深く自分を理解することにつながります。
その感覚こそが、その人の要領のよさの材料です。

そう考えると、要領のよさは、他人と比べるものではないのかもしれません。その人が得た感覚で、その人らしい行動をすることが、本当の要領のよさなのだと思います。

つまり、**要領のよさは人の数だけ存在する**ということです。

「他人の価値観によって用意された人生を失敗なく歩むことが豊かな人生」

そんな縛りから自らを解き放ち、自分らしく人生を歩むことができたら——。

本書が、そのきっかけの1つになることができたら、リハビリテーションの専門職として、これほどうれしいことはありません。

菅原洋平

参考文献

- Adam KCS, et al：The contribution of attentional lapses to individual differences in visual working memory capacity. J Cognitive Neuroscience. 2015,27,1601-1616
- Vogel EK, et al：Neural measures reveal individual differences in controlling access to visual working memory. Nature.2005; 438：500-503.
- Inflexibility of experts—Reality or myth? Quantifying the Einstellung effect in chess masters Cognitive Psychology. 56,(2), 2008, 73-102
- 内藤栄一：超一流サッカー選手の脳活動の特殊性 ·計測と制御　56（8）2017,588-594
- Nakano T, et al：Blink-related momentary activation of the default mode network while viewing videos. Proceedings of National Academy of Sciences, 110：702-706, 2013
- PA Mueller, et al：The pen is mightier than the keyboard：Advantages of longhand over laptop note taking. Psychological Science, 2014
- G Kaufman,et al：High-low split：Divergent cognitive construal levels triggered by digital and

non-digital platforms. Proceedings of the 2016 CHI Conference on Human Factors in Computing Systems 2016, 2773–2777

・E Bobek,et al：Creating visual explanations improves learning.Cognitive research：principles and implications, 2016

・D'Argembeau, et al：Frequency, characteristics and functions of future-oriented thoughts in daily life. Applied Cognitive Psychology, 2011, 25(1),96-103

「仕事が終わらない人生」が180度変わる
努力に頼らず「要領がいい人」になる40のコツ

発行日　2023年 4月12日　第1刷

著者　菅原洋平

本書プロジェクトチーム
編集統括　柿内尚文
編集担当　菊地貴広
編集協力　庄子錬
デザイン　岩永香穂（MOAI）
イラスト　しまはらゆうき
校正　柳元順子
DTP　安田浩也、野中賢（システムタンク）

営業統括　丸山敏生
営業推進　増尾友裕、綱脇愛、桐山敦子、相澤いづみ、寺内未来子
販売促進　池田孝一郎、石井耕平、熊切絵理、菊山清佳、山口瑞穂、
吉村寿美子、矢橋寛子、遠藤真知子、森田真紀、氏家和佳子
プロモーション　山田美恵、山口朋枝
講演・マネジメント事業　斎藤和佳、志水公美、程桃香

編集　小林英史、栗田亘、村上芳子、大住兼正、山田吉之、大西志帆、福田麻衣
メディア開発　池田剛、中山景、中村悟志、長野太介、入江翔子
管理部　八木宏之、早坂裕子、生越こずえ、本間美咲、金井昭彦
マネジメント　坂下毅
発行人　高橋克佳

発行所　株式会社アスコム

〒105-0003
東京都港区西新橋2-23-1　3東洋海事ビル
編集局　TEL：03-5425-6627
営業局　TEL：03-5425-6626　FAX：03-5425-6770

印刷・製本　中央精版印刷株式会社

Printed in Japan ISBN 978-4-7762-1268-3